Antonin Carême

ぼくが伝えたいアントナン・カーレムの心

お菓子とフランス料理の革命児

フランス料理アカデミー会員・パティシエ
千葉好男
Frédéric CHIBA

鳳《オオトリ》書院

アントナンカーレムの肖像画と直筆サイン
「パリのカーレム」と記し、パリを心から愛していた

フルーツを飾ったピエス・モンテ

飴細工で創った美しい花のピエス・モンテ

粉糖細工で創られた花束と花瓶のピエス・モンテ

岩の上の展望台、風のピエス・モンテ

大きな柱が立ち並ぶピエス・モンテ

パリのオデオン劇場のロビーにもうけられたカーレムの壮大なビュッフェ

「La grande histoire de la pâtisserie-confiserie française」より

La Gastronomie Française est diverse. Elle varie selon ses régions et ses époques. Retourner au 18ème et au 19ème siècle pour écrire sur la vie d'Antonin CARÊME, parait être un exercice de haute voltige.

En mettant en valeur les moments les plus cruciaux du parcours d'Antonin CARÊME, Frédéric CHIBA présente dans son livre, un portrait précis, ludique et minutieusement dépeint par son écriture.

La richesse des recettes choisies qui s'incrustent dans son discours, offre une belle image de l'époque et d'Antonin CARÊME.

La démarche de Frédéric CHIBA étonne et nous réconcilie avec le personnage, nous le remémore, au cas où nous l'aurions oublié.

Oui, Antonin CARÊME était un grand Architecte, un Constructeur qui revisita toutes les recettes du moyen âge et les fit passer à ce qui deviendra la grande cuisine classique.

Président de l'académie culinaire de France

Gérard DUPONT

序言

フランス料理アカデミー協会会長
ジェラール・デュポン

フランスの美食術は、さまざまである。地域によって、時代によって、バリエーションがある。18、19世紀に戻り、アントナン・カーレムの人生について書くというのは、一つの知的な曲芸と言える。

フレデリック・チバは、この本においてカーレムの生涯の中で、最も重要な時期に光をあて、彼が書いたものによって浮かび上がる楽しい肖像を丁寧に、正確に描いている。

本文の中で引用されたり、紹介されているレシピにより、カーレムの時代の美しいイメージが浮かんでくる。

フレデリック・チバのテーマの扱い方に、私たちは驚かされる。それは、カーレムという人物の良さを発見させてくれるし、もし忘れていたなら、思い出させてくれるだろう。

たしかにアントナン・カーレムは、中世のすべてのレシピを見直し、偉大な古典料理へ向かわせていった「創設者」であり、偉大な建築家であった。

推薦の言葉

およそフランス料理、フランス菓子を生業とする人々、及び、その研究者達にとってアントナン・カレームを知らない人は皆無であろう。フランス料理の歴史をたどると、かのオーギュスト・エスコフィエや多くの名著を残したユルバン・デュボワなどの先に、17世紀に誕生したグランド・キュイジーヌを継承し、フランス料理を芸術の域まで高めたアントナン・カレームという偉大な料理長にたどり着く。

この度、千葉好男さんが『お菓子とフランス料理の革命児　ぼくが伝えたいアントナン・カーレムの心』を鳳書院より上梓された。千葉さんは1968年に高校を卒業と同時に渡仏され、以来45年間パティシエの道を極められ、ついにパリの中心地に御自分の店を構えられた努力と情熱の人である。

私自身は、大阪万博が開かれた1970年にスイスのチューリッヒに渡り、1年後に念願のパリに着いた。千葉さんはすでにパティシエの厳しい修業の日々を過ごされていたのである。

それから6年後、シャンゼリゼ近くの「ローラン」という名門レストランのリニューアルオープンの際に、私がシェフ・ガロマンジェ（冷製料理部門シェフ）として入社すると、千葉さんがシェフ・パティシエ（デザート部門シェフ）としておられた。実に気さくな方で、見事な仕事ぶりに意気投合した。そしてグラン・シェフのマーク・プラロンさんの信頼も絶大であった。

その千葉さんが、カレームの生涯に強い共感を覚え、その足跡を丹念にたどり、立派な本にまとめられた。千葉さんの飾り気のない人柄そのままの文章で、とても読みやすい。そしてご自身のカレームに対する畏敬の念が随所に感じられ、心温まる本でもある。大変な労作であると同時に、フランス料理を愛する人々にとってかけがえのない必読書である。

私たちはアントナン・カレームを知ることによって、さらなるフランス料理の奥深さの一端を認識し、そこより何か尊いものを自分自身に反映させることができよう。

中村　勝宏

中村勝宏（なかむら・かつひろ）

ホテルメトロポリタン エドモント名誉総料理長
1944年、鹿児島県生まれ。70年に渡欧し各地の名レストランで部門シェフとして研鑽を積む。79年パリのレストラン「ル・ブールドネ」のグラン・シェフ時代に日本人初のミシュラン一つ星を獲得。84年帰国、ホテルエドモントのフレンチレストラン「フォーグレイン」の料理長、常務取締役総料理長を経て現職。日本のフランス料理の発展に尽力。2008年、北海道洞爺湖サミットで総料理長を務める。2010年フランス共和国農事功労章オフィシエ叙勲。ゴブラン会会長、フランス農事功労章受章者協会会長など要職を歴任。著書多数。

もくじ

4章　カーレムの料理に魅せられた人々

5章　人間 カーレム

コラム

カーレムのルセット

ぼくが伝えたいアントナン・カーレムの心

お菓子とフランス料理の革命児

Antonin CARÊME
1783~1833

個人コレクション：ジェラール・デュポン

はじめに

本場のパリで勉強をし、日本一の菓子職人になるんだ——。
私がとてつもない夢を抱いたのは、高校3年生の春でした。

子どもの頃から体を動かすことが大好きだった私は、中学・高校時代はラグビー部に所属し、グランドを駆け回っていました。

ラグビーに明け暮れていた青春時代は、それだけで大満足でした。しかし、大学に進んだ先の自分がまったく想像ができません。

自分のすべてをぶつけられる仕事は何か、手応えのある生き方をしたい——。そう自身に問いかけた時に、ふつふつと込み上げた思いが、実は菓子職人の道だったのです。

私の父は、東京・池袋の西口で小さなパン・菓子販売の店を営んでいました。朝、目が覚めると、家のなかには小麦の香ばしい香りが立ちこめます。12歳でこの道に入った父は、それこそ職人の塊。美味しいパンやお菓子を作るために努力を惜しまない人でした。そんな父の背中を見て育ったことが、多分に影響していたのでしょう。

両親は、私の夢を尊重し、あらゆる面で援助してくれました。高校を卒業した1968年9月、私は片道の航空チケットを手にパリに旅立ちました。

少年時代はスポーツ三昧の日々。１年で最も忙しいクリスマスの時期は、父の仕事を手伝いもしましたが、パン作り、お菓子作りの手ほどきは、何も受けていません。それこそフランス語だって、おぼつかないありさまです。

知人の紹介で初めて門をたたいたパリの店では、「日本で３年修業を積みました」と嘘をついて入りこんだものの、約１週間で嘘がばれクビを言い渡されました。その時は、片言のフランス語を連発し、「給料はいりません」と頼み込んで１年間修業をさせてもらったこともありました。

19歳でパリを訪ねて45年。いま振り返ると、よくもまあ、そんな状態でパリ行きを決行したものだと、自分でも空恐ろしくなります。若さの特権というか、「行けばなんとかなるだろう」みたいな楽観主義だけは、人一倍旺盛だったようです。

しかし、現実は甘くはありません。私の修業時代は『ぼくは、パリのお菓子屋さん　フランスで花咲かせた日本人の腕前』（中央公論新社）にも詳しく書かせていただきましたが、毎日が落ち込むことばかり。でも、そこでめげていては前に進めません。うなだれる時間があったら、一つでも技術をマスターするんだと、自身を発奮させ修業を重ねてきました。

アントナン・カーレム（1783〜1833）に強い関心を抱いたのは、今から18年前、私がフランス料理アカデミーの会員に推挙された時です。フランス料理の巨匠とも言われるカーレムが、わずか10歳で親に捨てられ、努力に努力を重ねて不動の地位を築いたことに感動を覚えました。

フランス料理に従事する人々、とりわけパティシエは、その名を知らない人は、まずいないでしょう。今日に伝わるフランス菓子の洗練された味と美しさは、それこそカーレムによってもたらされたといっても過言ではありません。

カーレムが作りだした数々のお菓子や料理は、実は日本人の誰もがすでに口にしています。その一つが「エクレア」です。ババロアやムースなどをビスキュイで包み、貴婦人の帽子に見立てた「シャルロット」も、彼によって美しい進化を遂げました。

孤児だったカーレムは、やがて豪華な装飾菓子のピエス・モンテ（Pièce montée）で、パリの料理界で名が知られるようになります。ナポレオンによってフランス革命に終止符が打たれると、パリの都には宮廷料理の流れを汲んだ華やかな祝宴が繰り広げられました。結婚披露宴を華やかに彩るウェディングケーキのように、ピエス・モンテがその時々の宴席、いまでいうならばレセプションを大いに盛り立てたのです。

味はもちろんのことですが、料理は視覚にも訴えるものでなければいけない。カーレムは、料理に〝美〟〝芸術性〟というものを探求した先駆者でもあるのです。

その後の彼は、ナポレオン帝政下で外務大臣を務めたタレイランの料理人として腕を磨き、その名はヨーロッパ中に轟きます。ロシア皇帝アレクサンドル１世、オーストリア皇帝フランツ１世、イギリス皇太子（のちのジョージ４世）など、そうそうたる人物のもとで料理長を歴任。その履歴は、「シェフの帝王」と呼ばれるにふさわしい堂々たるものです。

10歳でパリの片隅に捨てられたカーレムは、いかにして「シェフの帝王」になったのか。本書では、日本一の菓子職人になるんだと無謀なフランス行きを決行し、悪戦苦闘してきた私の目を通してカーレムを紹介したいと思います。また、フランス料理の歴史やお菓子に伝わる秘話、文化の香りなどもお伝えできればと思っています。

それでは、カーレムが生きた約200年前のパリの街にご案内いたしましょう。

パリに店を構えて33年
アンジェリック（Angélique）の前で

1995年、日本人で初めて「フランス料理アカデミー」会員に推挙される。認定書の中央にはアントナン・カーレムの肖像画が描かれている

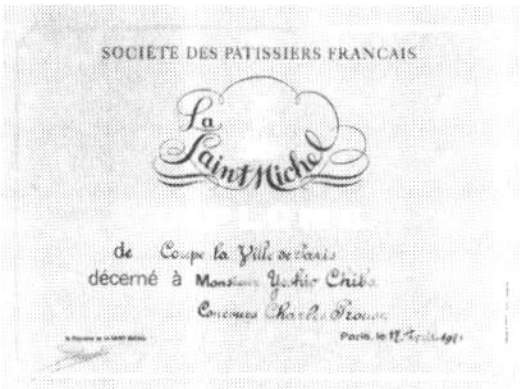

1978年、「シャルル・プルースト杯コンクール」でパリ市杯を受賞

1975年、フランスの菓子コンクールで最大の権威である「シャルル・プルースト杯コンクール」で金賞に。同コンクールでの日本人の受賞は初めて

1972年、フランス菓子三大コンクールの一つである「アルパジョン・コンクール」で銅賞に輝く。22歳の快挙だった

1章

カーレムの生きた時代

謎につつまれた生い立ち

フランスの料理史に偉大な功績を残したアントナン・カーレム（Antonin Carême）は、正式にはその名を「マリー・アントワーヌ Marie Antoine」といったようです。しかし、いつの頃からか、「アントナン・カーレム」と名乗っていました。

「カーレム」の名称ですが、日本の多くの書籍には、「カレーム」とか「カレム」と紹介されていますが、この本のなかでは、フランス人の発音に最も近い「カーレム」で統一させていただきます。

さて、「マリー・アントワーヌ」と聞いて、多くの人は「あれ!?」と思われたことでしょう。フランス王妃マリー・アントワネット（Marie Antoinette 1755～1793）とあまりに似ていることに――。私も最初は首を傾げました。偉大な料理人は、たしか男性であったはずだと。

たしかに「マリー」だけの名称は、女性の名前です。しかし「マリー」に別の名前を組み合わせた場合には、男性の名称にも用い

◉
1789年7月14日、武装した市民はバスチーユを陥落、フランス革命が起きる

ることができるのです。

カーレムの両親は、どんな思いで生まれてきた男の子に、その名を付けたのでしょうか。真意はわかりませんが、その名前が、彼の生きた時代を物語っているといっていいでしょう。

カーレムは、フランス革命に先立つ1782年～1784年の間に生まれたと考えられています。「考えられている」とは、いかにも曖《あい》昧《まい》な表現ですが、そうならざるをえないのには理由があります。カーレムの出生を証明する戸籍そのものがないのです。

正式な誕生日はいつだったのか——。さまざまな説がありますが、カーレム自身は一人娘のマリア（Maria）に宛てた手紙のなかで「1783年6月8日に生まれた」と書き残しています。

生まれた場所は、現在のパリの行政区でいうと7区。バック通りとセーヴル通りとが交差する周辺になります。現在、この地にはボンマルシェというデパートがありますが、カーレムが生まれた当時、あたり一帯は何もなく、新しい館が少しずつ建ちはじめた状況でした。

◉
「パンをよこせ！」と叫びながらヴェルサイユへ向かう女たち

その頃のパリの街の様子を、作家のルイ・セバスチャン・メルシエ（Louis-Sebastien Mercier 1740～1814）は、こう書いています。

「今、パリでは三つの職業が金持ちをつくっている。それは銀行家、公証人、そして大工、いわゆる建設請負業者である。金持ち連中は、その金を建設にしか使わない。今、パリでは巨大な住居がまるで魔法のように地上に現れている。新しく生まれた区画には、これまで見たことのない、それは豪華な館ばかりが生まれている」

当時のパリは、建設ブームに沸いていました。のちに〝花の都〟と称される街並みがつくられる真っ只中にあったのでしょう。カーレムの父親は、そうした建築現場で土にまみれて働く一介の労働者でした。

女神が導いた先は、一軒の安食堂

自身の家族や生い立ちについては、終生、多くを語らなかったカーレムでしたが、実の父親から捨てられた〝運命の日〟だけは、

◉
カーレムが生まれたあたり。かつては建築資材置き場だった。現在はデパートのボンマルシェが並ぶ

次のように語っています。

「フランスの中で最も貧しい家庭の一つ、それも25人もの子どもがいるところに生まれた。父は、私を通りに捨てたが、幸運の女神がすぐに私に微笑みかけた。妖精が私の手を引いて、私を運命の地に連れていってくれたのだった」

私が驚きを隠せなかったのは、ヨーロッパにその名を轟かせた偉大なシェフが、今で言うならばスラムのようなところで生まれ、父親から捨てられたことです。

父親は、大のつく酒好きで、子どもたちのために呑み代を節約しようとは、露にも思わない男だったようです。いや、酒が呑めなくなるくらいなら、子どもの数を減らせばいいと考えた。その口減らしとなったのが、幼い日のカーレムでした。実の父親によって捨てられたのは、カーレムが10歳の時、1792年の秋のことです。

『菓子職人・氷菓職人』などの著作がある有名なパティシエ、ピエール・ラカム（Pierre Lacam 1836～1902）は、カーレムの弟子たちとも交流がありました。彼が1890年に出版した『製菓に関する歴史的、地理的覚書』の中には、カーレムの弟子たちから伝え聞いた〝運命の日〟が、このように描かれています。

◉
ピエール・ラカム

ある日の月曜日、父親は早々に家に戻ると、幼いカーレムを連れて散歩に出かけた。街の雑踏を抜け、はずれの野原まで行くと、二人は夕闇が迫るなか、パリの街に戻った。

メーヌ（Maine）の柵（現在のモンパルナス駅周辺、当時はパリの街に入ってくる物資を取り締まる関所だった）までくると、あたりには安い居酒屋があちこちにある。父親は息子と最後の夕食をすませると、こう言い放った。

「お前は、広い世間に出るんだ。お前なら、きっといい仕事に出逢える。俺たちのことは放っておいて、行くんだ。

俺のもとにいたら、一生貧乏で終わるだけだ。これからは、才気があれば運をつかんで出世ができる時代だ。お前には、その才気がある。神様がお前に与えてくれたものを持って、さあ、行くんだ」

◉

カーレムが10歳くらいの時に捨てられたメーヌの柵のあたり

一人になったカーレムは、何時間もあたりをさまよったのでしょう。当時のパリは、フランス革命の混乱期です。1792年の夏には〝反革命〟の容疑者を民衆が虐殺する事件も起きていました。パリの街そのものが、恐怖に包まれていたといっていいでしょう。一人、夜のパリの街をさまよう少年に何が起きても不思議ではない。見るに見かねた安食堂の主が、同情し少年を泊めてくれました。

こうしてカーレムは、翌日からその安食堂の下働きとして、住み込みで働くことになるのです。カーレムを招き入れた主が、料理と全く無縁の人物であったならば、どんな人生を歩んだのだろうか——。そう思うと不思議な運命を感じずにはいられません。

捨て子というと、現在の私たちは大きなショックを受けますが、当時の状況はまったく別でした。歴史家のフェルナン・ブローデル（Fernand Braudel 1902 ～ 1985）は、『物質の文明、経済資本主義』の中で、1780年頃にパリで生まれた約3万人の子どものうち、7000 ～ 8000人は捨て子にされたと書いています。置き去りにされた赤ん坊を慈善施設に連れて行く職業もあったほどです。

ですから、カーレムが捨て子であったという事実は、さして驚くことではなかったのです。しかし、捨て子から歴史に名を残した人物となると、話は違います。

そうした困難な状況から出発して、カーレムはフランス、ヨーロッパ第一のパティシエ、シェフとして成功をおさめていくのです。苛酷《かこく》な運命の中から、彼がそこまでの偉業を残すことができたのは、なぜか。

この疑問に対する答えのようなものが、先に紹介した父親の言葉に感じられます。20人を超える子どもたちのなかで、なぜカーレムを捨てたのかといえば、彼のなかに生きていける何かがあると父親は信じたのでしょう。

それは、カーレムの性格にあるように思うのです。孤児として生きていく——。その苦労や葛藤は、想像を絶するものがあったはずです。しかし、カーレムの人生、そして彼が残した著作のなかには、親や境遇を恨むことが、まったくありません。過去は過去として受け入れ、あとは己の力で己の人生を切り拓く。そうした前向きな心を持っていたのでしょう。

実際、カーレムは一人前になってからも、父母の消息を尋ねた痕跡がありません。今を懸命に生き、未来へと突き進んでいった。

私がカーレムに驚きを隠せないのは、後世に残した厖大《ぼうだい》な著作です。家を追い出されたことからもわかるように、カーレムは学校に行くことはもちろん、読み書きを習う機会もなかったはずです。現実社会の中で、仕事の先輩から直接学びました。

基本の読み書きについても、仕事を終えてから一人、キャンドルの火を灯して、本を書き写し学んだようです。大切なことは、学びたいとの熱意です。その気持ちがあれば、どんな状況であっても学べることを、カーレムは私たちに教えています。

カーレムは、安食堂で約５年の歳月を過ごします。最初は掃除、洗濯、買い物、給仕などの下働きに走り回りました。その後、少しずつ料理も任されるようになったのでしょう。

ただし、料理といっても安食堂でだしていたものは、貧しい庶民の食べ物でした。のちに彼が創作する料理とは、まったく無縁のもの。少年時代のカーレムは、生きるためにとにかく働きました。

やがてカーレムは、安食堂を巣立っていきます。理由は幾つか考えられますが、何よりも大きかったのは、彼の好奇心と向上心です。

カーレムの人生については、これから詳しく追っていきますが、彼は常に学び、その学んだことを料理の世界に生かすことができないかと、挑戦を続けた人です。

そうした精神の持ち主ですから、安食堂での仕事が一通りこなせるようになると、同じことを繰り返す日々に満足ができなくなった。同じ料理でも、何か新しいアレンジを試してみたい、改良したいとの欲求が日に日に強くなっていったのでしょう。

巣立ちには、経済的な理由も推測できます。たしかにカーレムは、安食堂の主人に助けられました。しかし、主人の行為には、打算もありました。人手に困っていたところに、安く使える若い働き手が見つかったのですから。

◉
カーレムが最初に見習い修業をしたパティスリーのあった周辺。かつての中央市場には、ショッピングセンターの「フォーラム・デ・アル」が建つ

カーレムが働き、受け取るべき報酬は、おそらく住み込み先の寝床代、食事代にあてがわれ、給料といえるものは、何ももらっていなかったのでしょう。人一倍、向学心のあったカーレムです。本の一つも買いたいと思ったに違いありません。自分が自由に使える金を報酬として求めるのは、自然なことでした。しかし、彼の要求が受け入れられる見込みは、安食堂にはありませんでした。

最後に、精神的に独立する時期がきたのでしょう。10歳で親に捨てられ、一人で生きていかざるをえなかった。そうした境遇が、いやがおうでも自立心を育てました。現在、フランスの成人年齢は18歳ですが、カーレムの心は、16歳で大人の仲間入りをしていたのでしょう。

安食堂を去ったカーレムは、その後1年ほど、どこかで働いていました。その場所については、彼自身がはっきりとしたことを言っていないので不明ですが、当時のパリの中央市場近く、現在のモンデトール通りとモコンセイユ通りの間にあったに小さなパティスリーのようです。

フランス革命は、「食」にも革命をもたらした

本格的にカーレムの人生に入っていく前に、彼が生きた時代を見てみましょう。カーレムが生まれたのは1783年。フランス社会を根底から揺り動かしたフランス革命（1789～1799）に先立つ6年前のことです。

カーレムが父親に捨てられた1792年9月には、長年にわたり絶対的な権力を誇っていた王政が廃止されました。蜂起した民衆の怒りは、それだけでは終わりません、1793年の1月にはルイ（Louis）16世が、10月には王妃マリー・アントワネットが処刑されています。多感な10代のカーレムは、フランス革命の大混乱期をパリで過ごしました。

このフランス革命は、カーレムが活躍した料理の世界、「食」にも大きな影響を及ぼしました。

料理人がその腕を存分にふるい、客に自慢の料理を提供する。今日の私たちが思い浮かべるレストランは、革命前のパリの街には、わずかしかありません。レストランの興隆もまた、革命によってもたらされたものだったのです。

◉
ルイ16世

◉
マリー・アントワネット

捨て子のカーレムが安食堂の主に拾われたように、外で食事がとれる場所は、中世の頃からパリにありました。しかし、それらは、街道を往来する人々を相手に、空腹を満たす最低限の食べ物を提供する場所に過ぎませんでした。

では、なぜ革命をきっかけにレストランが誕生し発展したのか――。それには二つの理由があります。一つは制度上の問題です。フランスには1776年に廃止されるまで、「ギルド」のような厳格な同業組合制度があり、それぞれの職業の職域が厳しく守られていたのです。

今日の私たちが知っているミートショップには、鶏から豚、牛、羊まで多様な肉がガラスケースに並んでいます。その肉も、ステーキ用のものから、レバーをはじめとした臓物類など、さまざまな部位が切り分けられています。さらにハムやソーセージなどの加工品、サラダやマリネなどの美味しい惣菜まで買い求めることができます。

マリー・アントワネットとブリオッシュ

「ブリオッシュ brioche」は、バターと卵がたっぷり入った、贅沢なパン。フランスでは、このパンがさまざまなお菓子作りにも活用されている。

こともあろうか美味なるブリオッシュが、フランス革命の引き金の一つになったという。

革命前夜のパリの街は、主食であるパンが手に入らないほど人々の生活は困窮を極めていた。市民が「パンが食べられない」と王室に訴えると、王妃マリー・アントワネットは、「それならブリオッシュを食べればいいのに」と、答えたという。人々の暮らしなどまったくわかっていない、王妃のとんでもない対応が、庶民の怒りに火をつけてしまったというのだ。

それこそ、急に友人が来ることがわかり、料理をもてなすことになっても、ミートショップに行けば、あらかたの料理や食材が揃います。

しかし、制度廃止前のフランスでは、肉一つとっても自由に販売ができなかったのです。肉の種類はもちろん、その加工の仕方などによって幾つもの職種があり、扱っていいものが厳しく制限されていました。

例えば、ソーセージを買い求めるには、豚肉の加工品を専門に扱った「シャルキュティエ charcutier」の店に行かなければなりません。レバーなどの臓物類は「トリピエ tripier」が、牛や羊などを処理した肉は「ブシェ boucher」が扱うなどと、細かく分類されていました。

ちょっとした惣菜を販売できる者も、扱う素材や調理法などによって、こちらもさまざまな制限がありました。例えば焼いた肉は、「ロティスリー rôtisserie」しか販売ができません。ロティスリーが煮込んだ肉を販売しようものなら、「トレトゥール traiteur」の職域を侵害する者として告発され、罪に問われたのです。

厳しい同業組合制度のもとでは、自由に料理を作って販売すること自体が許されません。ですから、レストランが生まれる余地も、まったくなかったのです。

さて同業組合の廃止によって、自由に料理を客に提供することができるようになりましたが、肝心の何かが足りません。それは腕利きの料理人です。

革命前のフランスでは、美味なる料理もまた一部の特権階級が独占してきたものでした。腕利きの料理人たちは、その多くが王家や貴族の家庭にずっと仕えていたのです。

革命に蜂起した民衆が目の敵としたのが、絶対的な権力に居座り贅の限りを尽くしてきた王室と彼らに仕える貴族たちでした。彼らは革命が起きると、財産の没収を逃れるため、そして何よりも身の危険を逃れるために、多くが海外へ亡命をしたのです。

国王一家までもが国外脱出を企んだほどです。国王の氏族で、貴族として最高位の「大公」を授かっていたコンデ（Condé）家（以下、人々から広く呼ばれていたコンデ公で統一）などは、バスチーユが襲撃されると、その３日後には国外へ逃亡したそうです。そんな状態ですから、あとは推して知るべしでしょう。

当然、彼らのもとで長年仕えていた料理人たちは、生活が一変。ある者は、主人といっしょに国外へ逃れました。フランスに残った料理人の一部は、ブルジョワと呼ばれる新たな富裕層の家庭にうまく取り入りました。

この、どちらにも属さない料理人たちが、レストランの立役者になっていくのです。混乱のパリの街に飛び出し、磨き上げたその腕を披露しました。

革命後、パリの街にはレストランが興隆

レストランの興隆には、彼らの作った料理に対し相応の代価を支払ってくれる客も必要です。革命後のパリでは、定期的に議会が開かれるようになりました。議会に参加するため、フランス各

地から裕福な代表がパリにやってきます。金持ちで舌の肥えた議員らが食事をする場所も必要になります。こうしてパリの街には雨後の筍のように、各地でレストランが誕生するのです。

1803年にグリモ・ド・ラ・レニエール（Grimod de la Reyniére 1758～1837）によって創刊された『美食年鑑』には、「1789年、革命が起きる前には、100にも満たなかったレストランが、今では5～6倍の数に膨れ上がっているだろう」と記されています。

さて、本格的なレストランを開いた最初の人物として知られるのが、アントワーヌ・ボーヴィリエ（Antoine Beauvilliers 1754～1817）です。

貧しい家庭に生まれたボーヴィリエは、1770年にプロヴァンス伯爵（後のルイ18世）の館で修業をはじめ、食膳係になります。その後、パリで臨時雇いの仕事（レセプションなどの宴会）につきながら、やがて王家の料理を統率するまでになります。

同業組合制度が廃止された4年後の1782年、ボーヴィリエはパレ・ロワイヤルに近いリシュリュ（Richelieu）通りにいち早くレストランを開き（パリ行政区の1区と2区にまたがる周辺）、貴族の客で大いに賑わいます。店内には、贅沢な室

◉
グリモ・ド・ラ・レニエール

◉
アントワーヌ・ボーヴィリエ

内装飾が施され、まるでサロンのようだったと伝えられています。
しかし、ボーヴィリエの店は、客の多くが貴族であったことから、革命が起きると、彼自身も貴族の側に与する危険人物とみなされ、監獄に入れられてしまうのです。もちろん店も没収の憂き目にあいます。
18カ月後に釈放された彼は、同じリシュリュ通りの26番地に新たに「ラ・タヴェルヌ・ド・ロンドル La Taverne de Londres」を開き、そこでも有名になります。
ボーヴィリエに続いてレストランを開いたのが、コンデ公のもとで料理長を務めたロベール（Robert）です。革命が起きた年の暮れ、同じくリシュリュ通りの104番地に自身の名前を冠した店を出しました。
同じくコンデ公の調理場で働いていた3人の兄弟も、エルヴェティウ通り（現在のサント・アンヌ通りで、1区と2区にまたがる）にある店をパレ・ロワイヤルに近いボジョレー回廊に移し、さらに人気を博します。
店の名は、「トロワ・フレール・プロヴァンス Trois Frères provençaux」（プロヴァンスの兄弟）。店の看板メニューは、彼らの

◉
南仏の料理で有名になったプロヴァンスの兄弟が開いたレストラン

出身地である南フランスで作られたニンニクとオリーブオイルを使ったブイヤベース（魚のスープ）や、ブランダード（干した魚のタラをクリームペースト状にして、オリーブオイルを加えて練り上げたもの）。その美味を求め多くの人が参集しました。

1791年には、コンデ公の館でロベールといっしょに働いたメオ（Méot）も、ヴァロア通りにレストランを開きます。店は、料理の味はもちろんのこと、豪華な内装と食器類でも注目を集めました。

200年前のパリの街に生まれた、名だたるレストランの面影を今に伝える店があります。1区のボージョレ通り17番地にある「グラン・ヴェフール Grand Vefour」です。

この店は、1782年に「カフェ・ド・シャルトル」という名前でオープンをし、簡単な食事も楽しめるカフェとして人気を集めました。1820年にジャン・ヴェフールという人物が、このカフェを買い、レストランとして再出発、名前も「ヴェフール」とします。

店は本格的なレストランとして評判になりますが、たまたま同じ名字のヴェフールという者が、なんと自らの名前をつけたレストランを近くに構えたのです。血縁関係はもちろん、何の縁もない人物です。

目と鼻の先に同じ名前の店があっては紛らわしい。そこでジャン・ヴェフールは、はっきり区別するためにフランス語で偉大なという意味の「グラン」を付け加え、「グラン・ヴェフール」と店名を改めました。

この店は、何度も持ち主が変わりますが、レストランの名前はそのままで現在まで存続しています。フランスの有名なレストランガイドの「ミシュラン」でも、二つ星にランクされています。ちなみに「ミシュラン」の最高の評価は、三つ星です。

パリを訪ねた際には、「グラン・ヴェフール」に足を運んでほしいものです。鏡を多用した絢爛《けんらん》豪華な装飾は、200年前のレストランをしのばせます。

さて、話は前後しますが、「レストラン」なる言葉を最初に使ったのは、ブーランジュ（boulanger）という男です。時は1765年、フランス革命に先立つ24年も前のことです。ブーランジュは、プリー通り（現在のルーブル通り）の一角にささやかな店を構えると、入り口にこんな一文を掲げました。

「空腹を訴えている者たちよ、当店に来れ、元気にしてさしあげよう」

当時は、厳しい同業組合制度がまだまだ幅を効かしていた時代です。

「許可をもたない人間が勝手に自前の料理を出すとは、とんでもない。とっちめてやる」

そう意気込んでブーランジュの店に押しかけた面々も、出された料理には、どう対応していいか困ったようです。

その料理はブイヨン。いわゆるスープです。ブイヨンは、どんなに貧しい家庭でも自分の家で作っているものであって、料理を作ることを許された仕出し屋にわざわざ注文することはありません。

見た目はわからなくても、良質の素材のうま味をじっくり、丁寧に引き出したブイヨンは、口に含めばその違いは明らか。胃に優しくて、心まで豊かになる――。人々はその美味を求めて、ブーランジュの店に足を運んだのでした。

今でこそ「レストラン」といえば、店の形態を示すものですが、最初に使われた時は、「疲れを癒し、滋養となる飲み物」「栄養価の高いブイヨン」を指していたのです。ちなみにレストランの語源となった「restaurant」には、「回復させる」「良好にさせる」との意味があります。

その後、パリの街はこの「レストラン」を提供する店が広まります。こうした動きが、自由に料理を作り提供することを妨げていた法制度に風穴を明ける一因にもなっていくのです。

◉
1825年頃のパリの街のレストラン。革命をへて、パリの街にはレストランが急増

カーレムが生きた時代というのは、「食」において自由な競争がはじまった時でした。フランス革命によって、料理人の活躍の場は、王家や貴族の館から広く社会に開かれたのです。

カーレムが運命の女神によって導かれた料理の世界は、それこそ実力があれば、生い立ちも、身分も関係なく、誰もが頂点を目指すことできたのです。

安食堂を後にしたカーレムは、その頂きを目指します。その第一歩を印したのが、パリで人気のバイイ（Bailly）が経営するパティスリー（pâtisserie）でした。

◉

19世紀はじめ、パレ・ロワイヤルに誕生したレストランでは、その日、提供できる料理を紙に書き出し店の入り口に貼りだした。それらの紙を小さくしたものがメニューにもなったようだ

200年前の面影を残すレストラン「グラン・ヴェフール」

◉
豪華絢爛な室内装飾、調度品なども当時をしのばせる

2章

カーレムの修業時代

17歳でバイイの一番弟子に

カーレムが、バイイ（Bailly）のパティスリーに見習いとして入ったのは、1798年頃。16歳の時のことでした。

バイイの店は、パリで最も華やかなヴィヴィエンヌ（Vivienne）通りにありました。流行のレストランや高級な商品を扱う店が軒を並べていたパレ・ロワイヤルのちょうど裏手。店を訪ねる客は、実に多彩でした。人気スターもいれば、高給娼婦もいる。のちに皇帝となるナポレオン・ボナパルト（Napoléon Bonaparte 1769～1821）や時の外務大臣タレイラン（Talleyrand 1754～1838）など、そうそうたる人物も名を連ねていました。

◉
パレ・ロワイヤル一帯は、パリで一番の繁華街だった。革命後、多くのレストランが出店。ここでは美味なる食も、宝石も、娼婦まで、金があれば手にすることができた

ここでパティスリー（pâtisserie）について少し紹介しましょう。日本の私たちは「パティスリー」と聞いて頭に真っ先に浮かべるのは洋菓子店の類でしょうが、フランスでは少々異なります。

語源の「パート pâte」は、小麦粉を練って作りあげた生地全般をさします。その生地をもとにしてできたものを売る店が、パティスリーです。ケーキなどの洋菓子も含まれますが、それだけではありません。野菜や肉、魚などを詰めたパイ包みの料理などもあります。

バイイの店は、パリでも指折りのパティスリーとして人気を集めていましたから、規模も大きかったようです。現在もそうですが、ある程度の規模のパティスリーになるとさまざまな部門があり、そのうちの一つをまず任されるのが、ならわしです。

ひたすら小麦粉を練って生地を作る人もいれば、その生地を朝から晩までオーブンで焼く人、焼き上がった生地にフルーツやクリームなどをデコレーションする人、タルトケーキに詰めるフルーツなどを専門に煮詰める人などもいます。

私がフランスで修業した幾つかのパティスリーでは、アイスクリームやチョコレートを専門に扱う人まで、その部門は、ざっと数えても7～8はありました。

見習いのカーレムがまず任されたのが、「トウリエ」でした。トウリエの仕事は、小麦粉を練り、クロワッサン、ブリオッシュ、パイなどの生地を作るスペシャリストです。生地は、パティスリーで扱う商品すべての土台となるものです。しかも、その生地はまるで生き物のように、その時の温度や湿度で変化をします。同じ材料で同じものを作っても、出来上がりは同じとは限らない。どんな環境にあっても同じ品質を保つことは、至難の技です。

私もフランスに渡って最初に入った店で担当したのが、トウリエでした。日本で菓子修業をまったくしてこなかった私は、何も基本がありません。ですから、小麦粉を練って生地を作らせるなどという大事な仕事は、恐れ多くてとても任せられない。フランスでの私の最初の仕事は、生地をはめる型の掃除でした。

カーレムがどのような修業を積んだのか詳しいことはわかりませんが、その上達ぶりは目を見張るものがありました。17歳の時には、バイイの一番弟子となり、最も難しいパイ生地作りを任されていました。

ここで、最も難しいとされたパイ生地、「フェイタージュ feuilletage」の作り方を紹介しましょう。フェイタージュは、「パート・フイユテ pâte feuilletée」とも呼ばれています。

【作り方】

小麦粉に塩、溶かしバター、水を加えて練り上げた生地を、冷蔵庫で寝かせる。これを麺棒で1：3の長方形にのばしていく。

生地の中央に正方形のバターをのせ、包み込むように両端を折り込み、再び麺棒で伸ばし1：3の長方形を作る。この作業を冷蔵庫で生地を寝かせながら6回繰り返す。

こうしてできた生地のなかには、バターと小麦粉の層が交互に何重にもできます。これをオーブンで焼くと、生地のなかに含まれる水分が蒸発します。ところが、生地が幾重にも重なっているために、水蒸気は簡単に外に出られません。膨張した水蒸気は折り込んだ生地を押し上げ、大きく膨らむのです。

焼き上がった生地は、バターが幾重にも層を作っているのでふっくらしています。それでいて、とろけるような独特な口当たりと風味を生みだしています。このフェイタージュを弱冠17歳で任されたというのですから、驚きます。

私自身もパティシエだからこそ実感するのですが、職人の技は、それこそ何度も失敗を重ねながら体で覚える部分が少なくありません。才能やセンスもあったでしょう。しかし、それだけの技を体得するには、相当な努力がカーレムにあったはずです。

パート・フイユテを使ったお菓子で有名なものには、タルトの中にリンゴのコンポット（果実をシロップの中でゆっくり煮込んだもの。ジャムほど砂糖を加えないので、より自然でフルーティーな味わい）を入れた「ショソン・オ・ポム chausson aux pommes」があります。また日本でも人気を博した「ミルフィーユ millefeuilles」も、余っ

◉
ショソン（chausson）は、スリッパの意味。そう言われれば形が似ている。なかにはリンゴのコンポットが入っている

◉
苺とクリームを挟んだミルフィーユは、ナポレオンが被っていた帽子に形が似ていることから「ナポレオンパイ」の名前がついた

たパート・フイユテの生地などを利用して作られたものです。長方形のパート・フイユテが３段になっていて、その間にクリームがサンドしてあります。

この「ミルフィーユ」には、懐かしい思い出があります。フランスに渡って12年目、30歳の若さで自分の店「フォンドゥールFondeur」（当時の店名）を持った時に、「姓が千葉ならば、ミルフィーユにすればよかったのに」と数人のフランス人に言われたのです。ミルフィーユの「ミル mille」は千、「フィーユ feuille」は木の葉をさします。幾重にも重なりあった生地の断面が、森の中の落ち葉に似ていることから、その名前がついたそうです。

思いもしない失敗が発明の母だった――。それは、ノーベル賞や科学技術の発明だけではなく、料理の世界にも多分にあてはまります。実はパート・フイユテもその一つでした。

生みの親は、フランス人のクロード・ル・ローラン（Claude Le Lorrain 1600～1682年）です。西洋絵画に詳しい方は、その名に疑問に思われたことでしょう。数々の海の光景を描き、古典派の風景画家として名を馳せたクロード・ル・ローランは、絵の道に入る前の若かりし頃、菓子職人の見習いをしていたことがありました。

ある日のことです。生地を練りあげて、さあ、焼くぞという時になって、バターを入れ忘れたことに気づきました。はじめからやり直すのは面倒だし、練った生地を捨てるのも、もったいない……。そこで強引にバターを加えてみようと思いつくのです。

生地の上に薄く切ったバターをのせ、小麦粉をまぶし、生地を端から中央へ折り込んでみました。同じ作業を何度か繰り返して焼いてみると、どうでしょう。焼き上がった生地は、いつもとは比較にならないほど大きく膨らんだのです。

この偶然の出来事から、バターを細かく砕いて粉と混ぜるよりも、板のようにして折り込んだ方が、生地がより膨れて口当たりも独特のものになることがわかりました。ローランは、この発見にさらに工夫を加えて、パート・フイユテの原理を完成させたと言われています。

このパート・フイユテに改良を加え、のちに新たな料理をカーレムが生みだします。それはまたあとで説明するとして、バイイの店で働いていた頃のカーレムの話に戻りましょう。

寸暇を惜しんで図書館の版画室へ

一人前のパティシエとして歩き始めたカーレムは、仕事場だけではなく、国立図書館に通って多くのことを学んでいました。図書館は、店がある同じヴィヴィエンヌ通りにあり、目と鼻の先だったようです。一般にも開放され、カーレムも寸暇を惜しんでは足

◉
青春時代のカーレムが足繁く通ったパリの国立図書館

を運んでいました。

のちにカーレムは、当時のことを自身の著作のなかでこう語っています。

「定期的に図書館に通うようになったのは、18歳の時からである。私はバイイの店のプルミエ・トウリエであった。(中略) 親切なバイイは、私が図書館のなかにある版画室へデッサンに行けるよう、とりはからってくれた。そのことを私は生涯忘れることはないだろう」

向上心をもち、研究に余念がない。そんなカーレムを誰よりも理解し、目にかけていたのが、バイイだったのでしょう。担当の仕事が終わっているならば、いつでも図書館に行ってもいいと許していました。

料理や食に関係した本はもちろんですが、科学の本も愛読していたようです。なかでもカーレムが夢中になったのが、古代建築の版画図でした。そこには、インドやエジプト、中国、ギリシャなどの有名な遺跡や建造物が紹介されていました。イタリア・ルネサンス期に活躍した建築家パラディオ (Andrea Palladio 1508～1580) にも、大いに魅せられたようです。

カーレムは、それら一つひとつの版画図を食い入るように観察し、細部まで書き写すと、家に持ち帰り、建物の構造がどうなっているのか、さらに勉強を続けました。

「本当に私がデッサンに打ち込めるのは、仕事が終わって夜の9時か、10時頃からだ。自分のために夜の4分の3は勉強していた」

ナポレオンは4時間しか眠らなかったと言われていますが、カーレムも、わずかな睡眠時間しかとっていなかったようです。一

古代ギリシャ、アテネのパルテノン神殿
図書館でカーレムが夢中になったのは、古代の遺跡や建築だった

日の仕事を終えてからも、休む時間を惜しんで学び続けた。分野は違っても、一流の人に共通しているのは、人の見ていないところで黙々と努力を続けていることです。

しばらくしてカーレムは、この時に描いた多くのデッサンをもとに、これまで誰も手がけたことのないピエス・モンテを創りあげるのです。

「建築こそ最初に誕生した芸術である。その建築から派生したのが、製菓芸術という分野なのだ」

カーレム自身の言葉にあるように、彼が創るピエス・モンテは、華やかで、繊細で、これが本当に製菓なのかと見る人々を釘付けにしました。人々は、カーレムを「パティシエ界のパラディオ」と呼んだほどです。数々のピエス・モンテは、まさに芸術作品でした。

時代は、そんなカーレムをそっとしては置きませんでした。

カーレムのピエス・モンテ

カーレムの手により、装飾菓子の領域を越えたピエス・モンテ

「Le pâtissier pittoresque」Le petit Mercure より

ゴシック様式の建造物

パリ風の建造物

古代ローマの建造物と滝

スウェーデン風の建造物

古代アテネをモチーフにした建造物

44本の柱からなる建造物

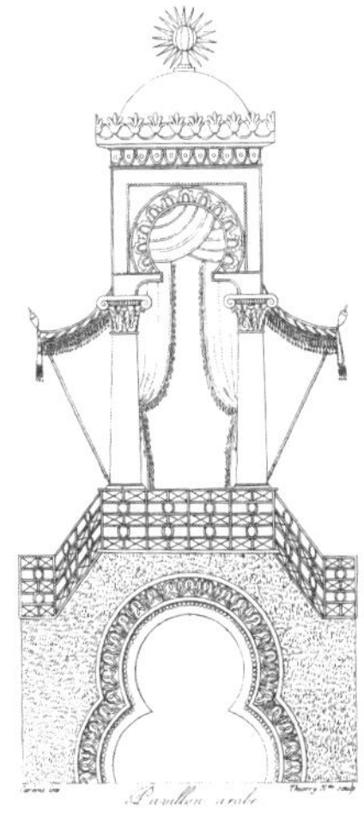

アラブ（中近東）風の建造物

中国風の建造物

ロシアの宮殿をモチーフにした建造物

スペイン風の建造物

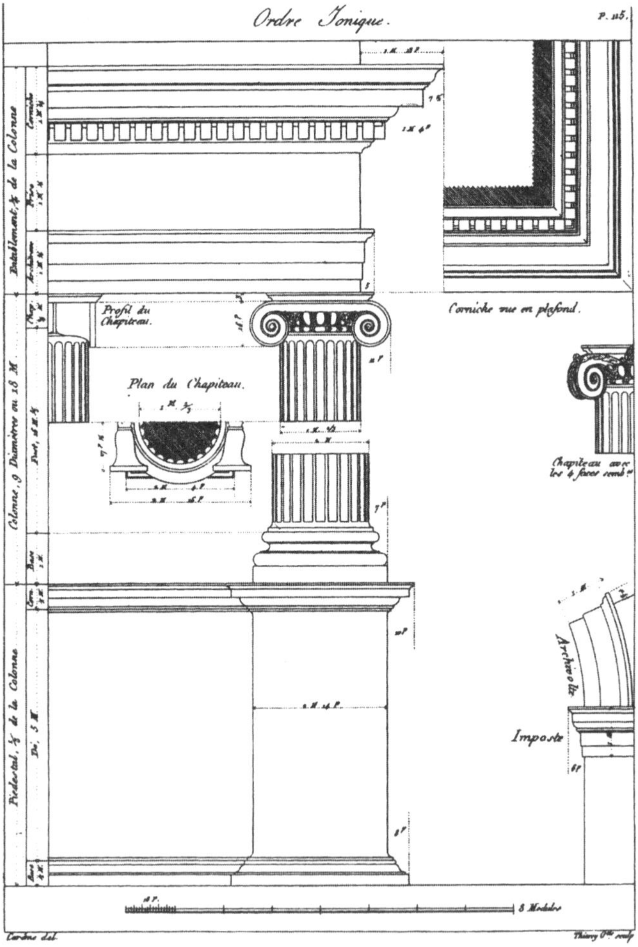

ピエス・モンテを創るためにカーレムが勉強した建築の設計図

1799年11月、「ブリュメール18日のクーデター」で新しい政府が生まれると、ナポレオンが実権を握ります。政治の舞台に踊り出たナポレオンと時を同じくして、カーレムにも新たな活躍の舞台が開かれていくのです。

ブーシェ、そしてタレイランとの出会い

その若き才能を見いだした人物が、タレイラン家の厨房を一手に任されていたブーシェ（Boucher）でした。これは私のあくまで想像ですが、カーレムとブーシェは、こうして出会ったと思われます。

「いらっしゃいませ、ブーシェ様。ご機嫌はいかがですか」
「やあ、バイイさん、まずまずのところだよ。注文をここにメモしておいたから、この通りに頼むよ。明日の午後取りにくるから」
「はい、かしこまりました」
「そういえば最近、フェイタージュの味が変わったね」
「はあ、何か不都合なことがございましたか……」
「いや。前も美味しかったが、このごろは、特別というか、食べたときの口当たりが、とても軽くて。主人（タレイラン）はもとより、来賓にも非常に評判がいいんだ。私も口にしてみたが、これまでと味があまりにも違うから、レシピを変えたのかと思ったほどだよ」
「ありがとうございます。そういうことなら、わかります。さすがにブーシェ様には、隠しごとができませんね。味覚が優れていて。で、

その秘密をお知りになりたいのでしょう。よろしければ、どうぞ」
そう言うと、バイイはブーシェを店の奥の仕事場に招き入れた。見ると、一人の青年が一生懸命作業している。痩せていて年は18歳ぐらいだろうか。いや、もっと若いのかもしれない。
「さきほどの秘密ですが……」
そう言うと、バイイはブーシェに青年を紹介したのだった。
「弟子のアントナン・カーレムです。若いが研究熱心で、仕事もよくできる。彼がフェイタージュを担当しております」

タレイラン家で料理の総監督を務めていたブーシェは、フランス革命が起きる前までは、美食家でも知られたコンデ公のもとで料理長まで務めあげた人物です。
コンデ家がフランスの食文化に果たした役割は絶大です。コンデ公に仕えていた多くの料理人や菓子職人が、革命後、パリの街に自分の店をもち、美食を市民に開放したのですから——。
このコンデ家の厨房からは、日本人の誰もが知っている有名なクリームが生まれています。首を傾げている方も、「イチゴのショートケーキ」を思い出してみてください。真っ赤な苺に映える、ホイップされた純白の生クリームが、それです。
「クレーム・シャンティ」と呼ばれるこのクリームこそ、コンデ家の館、シャンテイユィ（Chantilly）城にちなんでつけられたものです。日本人には、「シャンテイユィ」の最後の「ユィ」の部分がよく聞き取れずに、「シャンティ」で定着してしまいました。
さて、このクリームの生みの親が、17世紀にシャンテイユィ城で活躍した料理人、フランソワ・ヴァテル（François Vatel 1631～

1671）です。「クレーム・シャンティ」も、ヴァテルの名前を知らない日本人でも、「太陽王」と称されたルイ14世の時代に、自ら命を絶った天才料理人がいたことは、映画などで耳にしたことがあるのではないでしょうか。

◉
クレーム・シャンティの生みの親として知られるヴァテルは、剣を突き刺し自害した

ヴァテルは、シャンティユィ城にルイ14世を招いて行われた3日間に及ぶ壮大なレセプションの最中に自害します。国王を迎えた宴席の3日目。手配をしたはずの魚が届かず、国王をもてなす饗宴はこれで台無しだと絶望をしたヴァテルは、命を絶つのです。皮肉にも、魚は彼が亡くなったあとで届くのですが……。彼が人生の最後に演出した饗宴を映画化したのが、『宮廷料理人ヴァテール』です。

ヴァテルは、カーレムが生まれる100年以上前に活躍した人物です。映画では、当時のレシピを再現するとともに、王侯貴族に仕える宮廷料理人がどのような仕事まで任されていたのかが描かれています。

伝説の料理人ヴァテルは、パリの「ジュアン・エヴラール Jehan Hévrard」という店（パティスリーとロースト肉の製造販売を手がける）で7年ほど修業し、一人前の職人になったようです。その後、フランス国王ルイ14世の財政卿であった、ニコラ・フケ（Nicolas Fouquet 1615～1680）の館で、「メートル・ドオテル maître d'hôtel」の職を務めます。

しかし、強大な力を持つニコラ・フケは、謀略によって失脚。

偶然に生みだされた⁉　クレーム・シャンティ

クレーム・シャンティが最初に生まれたのは、ヴァテルがコンデ公の前に仕えたニコラ・フケの館、ヴォ・ル・ヴィコント（Vaux le Vicomte）城だった。その美味なるクリームが公に披露されたのは、ルイ 14 世を招いたレセプションの席で。ニコラ・フケが失脚することがなければ、「クレーム・ヴォ・ル・ヴィコント」といった名前になっていたのだろう。

ちなみにヴァテルがこのクリームを生みだしたのは、卵が傷んでいてカスタードクリームが作れない事態のなかだったとか。とっさの機転で生クリームを攪拌すると、きめ細やかな泡だったクリームになるではないか。美食家の舌をうならせたクリームは、実は偶然の産物でもあったらしい。

ヴァテルも身の危険を感じイギリスへ渡ります。その後、再び仕えたのが美食家のコンデ公でした。

今日のフランスでは、「メートル・ドオテル」といえば、レストランにおける給仕担当の責任者ですが、当時はまったく違います。役割は、貴族の館における食事とレセプションの総監督です。すべてのメニューを決め、食材を調達し、料理の準備をします。出来上がった料理も、どのような食器に盛りつけ、サービスをするのかまで考えます。

もてなしは、食事だけにとどまりません。多くの来賓を招いた祝宴会などでは、食事の間に演奏会を開くなど、宴の演出も役割に含まれます。今でいうならば、レセプション全体を取り仕切る総合プロデューサーといってもいいでしょう。タレイランの館では、その職にブーシェがついていました。

ブーシェの何よりの誇りは、このコンデ家で料理長まで務めたこと。そして、コンデ家の館で受け継がれてきた天才料理人の後継者の一人であることでした。それだけの男ですから、カーレムが作るフェイタージュの美味しさにも、真っ先に気づいたに違いありません。

◉
栄華を極めたコンデ家のシャンティユィ城。現在は、コンデ美術館として一般公開をされている

こうしてカーレムは、ブーシェからタレイランの公邸で開かれる晩餐会やレセプションに飾る、ピエス・モンテの注文を受けます。さらにレセプションの食事の準備にも手伝いに来てくれないかと頼まれるようになります。

学ぶ意欲が旺盛なカーレムは、喜んで依頼を引き受けました。仕事ぶりが認められ、「次回も来てくれ」と臨時の仕事が増えていきます。そしてある日のレセプションで、ブーシェは主人であるタレイランにカーレムを引き合わせたのでしょう。

このタレイランという男との出会いが、カーレムの名前をフランスのみならず、ヨーロッパに轟かせることになります。その軌跡はあとでじっくり紹介することとして、ナポレオンが権力を握ったあとのフランス社会についても見てみましょう。

ナポレオンの権力下で復活した豪華な宴

「自由・平等・博愛」の実現を目指したフランス革命は、社会を大きく揺るがしました。国内では、革命を推進する勢力と王政の復活を願う勢力との争いが常にくすぶり続け、パリの都には、多

◉
タレイラン

くの血が流れました。

一方、フランスを取り巻くヨーロッパの国々は、革命の余波が自国に及ぶことを恐れ、フランス新政府を倒そうと兵を進めたのです。革命による長い混乱に国民は疲弊、不安の日々を過ごしました。

その混乱を治めた人物が、ナポレオンです。1799年、ナポレオンは武力によって議会を解散させると新政府を樹立し、権力を握ります。バスチーユ襲撃に端を発したフランス革命は、ナポレオンによる「ブリュメール18日のクーデター」で終焉をみます。

平穏が戻ったパリの街には、新たな貴族層が生まれ、豪華な社交文化が再び花開きます。軍人上がりのナポレオン自身は、こうした祝賀の席を主催することは大の苦手でしたが、そうは言っていられません。

ご存知のように一士官から権力の座に上りつめたナポレオンは、パリから遠く離れたコルシカ島で生まれました。パリの人々か

◉
カーレムが活躍した外務大臣の公邸。
現在はイタリア文化センター。
9月19・20日の文化遺産の日には見学ができる

らすれば、「田舎者」「成り上がり者」にすぎません。家柄も、血筋も、取り立てて自慢できるものは何もない。だからこそナポレオンは、かつてのルイ王朝時代を彷彿させる華やかな宴会や儀式を蘇らせることで、自身の威光を誇らねばならなかったのです。

ナポレオンの名のもとにさまざまな晩餐会や祝賀会が開かれました。もちろん、その陣頭指揮をナポレオンがとることはありません。彼に代わって、多くの接待役を任されたのが、外務大臣のタレイランでした。

外務大臣の公邸では、さまざまな晩餐会が開かれました。その晩餐を実際に取り仕切っていたのが、先のブーシェです。美食家としても知られるタレイランのもてなしは、料理はもちろん、テーブルセッティングにいたるまで、徹底して美を追求したものでした。

タレイランの目と舌に叶った晩餐会をいかに準備するか。才能ある、若き料理人はいないか……。ブーシェの頭は、いつもそのことでいっぱいだったのでしょう。そんななかで発見した若き逸材が、バイイの店で働くカーレムだったのです。

最終的にカーレムがバイイの店で働いたのは、3年でした。図書館通いを許してくれるなど、目に掛けてくれたバイイのもとを去るのは、心苦しさもあったでしょう。しかし、カーレムはバイイから巣立っていく決意をします。

その背景には、タレイラン邸の臨時の仕事があったと思われます。臨時の仕事は一流の料理人とその技術に出逢える、またとない学びの場でした。コンデ公のもとで料理長をつとめたブーシェのような料理人が何人も集い、レセプションの準備をするのですから。アシスタントとはいえ、その技を目の前で見ることができる。向学心旺盛なカーレムは、胸が高鳴りました。

バイイの店を辞めたカーレムは、1801年、「ジャンドロンの後継者」という店のシェフとして迎えられます。店名から推測するに、当時、ジャンドロン（Gendron）という有名なパティシエがいたのでしょう。世代が交代し、経営者が変わっても、そのまま引き継がれていました。

「ジャンドロンの後継者」は、ブーシェの紹介もあったのでしょう。タレイラン邸からピエス・モンテの注文がある時には、その製作に打ち込むことが許されていました。

また大きなレセプションが開かれる時は、店を離れ、臨時の仕事を優先してもいいことになっていたようです。しかし、この店も１年後には辞めています。その時の心境をカーレムはこう書き残しています。

「この若さで、思いもしない多くの収入を得るようになった。そのこと自体が、私には、あらゆる賛辞の言葉以上の何かを物語っているように思えてならない。私の仕事のなかに、何か独自性があるのだろう。その独自性に多くの人が、関心をもっている。若い私に支払われた報酬は、何よりもそのことを物語っているとはいえまいか」

カーレムが創るピエス・モンテは、すでに多くの人々を魅了していたのでしょう。経済的な心配からも解放されたカーレムは、臨時の仕事に専念します。

カーレムは1804～1805年頃に自分の名前を冠したパティスリ

ーを開きますが、それまでの間はあらゆるところに出向いて臨時の仕事に没頭しました。その姿は、ある意味で諸国を回りながら己の剣の力を磨く武者のようです。徹底して自分を鍛える、カーレムのストイックな姿勢には本当に頭が下がります。

そしてこの武者修業時代、カーレムに最も大きな影響を及ぼしたのが、外務大臣のタレイランでした。

◉
パリの名所にもなったカーレムのパティスリーは、オペラ座近くにあった

同じ料理が並ぶことはなかったタレイランの食卓

ここでタレイランについて、もう少し詳しく紹介しましょう。

革命後のフランスの政治は、それは猫の目のように変化しました。政権が代われば、昨日まで絶大な力を持っていた人間も、政治の表舞台からは引きずり下ろされ、命を絶たれた。ギロチンの露に消えたロベスピエール（Robespierre 1758～1794）などは、その象徴でしょう。

そんななかでタレイランは、革命以後の総裁政府、そしてナポレオンの権力下、さらにはルイ18世が即位したあとにもフランスの外務大臣に就任。40年以上も政治の第一線で活躍した稀《まれ》な人物です。

タレイランは、由緒ある貴族の長男として生まれました。たぐいまれな外交手腕の持ち主として語り継がれていますが、美食家としても有名です。格式のある貴族の家では、何人もの料理人や給仕を抱えていましたから、タレイランも美食家としての素養があったのでしょう。しかし、私はそれだけで、彼が誰もが認める美食家になったとは、どうも思えません。

タレイランは幼い時から片足に障害がありました。本来は家を継ぐ長男でしたが、父親の意向で仕方なく聖職者の道に進みます。幼い心に刻みつけたその時の挫折感が、タレイランの旺盛な野心を育てたのではないかと思うのです。

自分は、名門貴族の御曹司《おんぞうし》以上の高い地位についてやる。それこそ力をつけ、国王にも負けない盛大な催しを開き、多くの人に最高の食事をふるまってみせると――。これはカーレム自身の生き方にもうかがえることですが、タレイランもまた、自らの境遇をバネとしたのでしょう。

もう一つは、外交官という任務が、タレイランに食事の重要性を強く気づかせたものと思われます。人間同士が集まり交渉する。その話し合いの席で少しでも有利な決定を導くためには、相手が何を考えているかを知ること、相手に良い印象を与えることも重要な戦略の一つです。テーブルを挟んで美味しい食事とワインをともにすれば、警戒心も緩みます。そこで思いもしない相手の思惑をつかむこともあるでしょう。

交渉相手を最高の食事とテーブルセッティングで迎える。その効果をタレイランは厳しい外交戦のなかで誰よりも理解し、美食家となっていた側面も大きいと思うのです。

とりわけ、タレイランが外務大臣の職にあった時というのは、フランス革命の混乱期です。革命の余波が自国にも押し寄せることを懸念し、フランスを敵視するヨーロッパの国々とも交渉をしなくてはいけないのですから。

いかにタレイランが食事について強いこだわり、関心をもっていたか——。それを物語るエピソードがあります。

一家の主となったタレイランは、自らの料理人に1年間に同じ料理を出してはいけないと厳命していました。同じ素材を用いて、いかに料理をするか。タレイランの晩餐のテーブルには、同じ献立が並ぶことはなかったというから驚きです。

タレイランは、晩餐の献立のために午前中の1時間、自室にシェフを呼び、話し合いの時間を持ちました。調理場で働く者たちの様子や、前日の晩餐に対する招待客の反応などを聞き終えたあとで、当日の献立についてじっくり話し合うのです。

当時、カーレムが足繁く通った外務大臣タレイランの公邸は、パリ市内の7区、ヴァレンヌ（Varenne）通り50番地にありました。現在、この建物は、イタリア文化センターとして使用されていますが、当時は「ガリフェの館」と称されていました。

ガリフェ（Galliffet）というのは、この館を18世紀の終わりに

◉
豊かな自然に恵まれたロワールにあるヴァランセの城。ナポレオンの命によりタレイランが買い求めた

◉
城内のサロン

◉
カーレムも城に約1年滞在し、毎日異なる料理を作った厨房

建てた公爵の名前です。建設ラッシュに沸くパリのなかでも、この一帯は、おしゃれでモダンな建物が並ぶ、一目置かれた場所だったようです。

ところが、フランス革命が勃発。身の危険を感じたガリフェ公爵は、海外に亡命します。革命政府は、もぬけの殻となった荘厳な館を没収すると、外務大臣の公邸としたのです。この時期、その重責を担っていたタレイランは、ガリフェの館で多くのレセプションを開きました。

「ガリフェの館」とともに、私たちが見学できるカーレムとタレイランのゆかりの場所に、「ヴァランセの城」があります。

ヴァランセ（Valançay）は、パリから200キロほど南にある、人口約2000人の小さな町です。風光明媚なあたり一帯は、ロワール地方と呼ばれ、ルネサンスの時代には、フランスの王侯貴族たちが滞在しました。今でも、その時代の優雅な館が数多く残っています。

有名なものとしては、「シャンボール（Chambord）の城」、「アンボワーズ（Amboise）の城」が上げられます。アンボワーズの城は、レオナルド・ダヴィンチ（Leonardo da Vinci 1452～1519）が最後の４年間を過ごした場所です。

ヴァランセの城が建てられたのは10世紀頃で、その後、持ち主が代わるたびに改築がされました。現存する今の形になったのは、ルネサンスの時期のようです。

タレイランはこの城を、ナポレオンの命を受けて1803年に買いました。この前年、ナポレオンは死ぬまで自身が政治の実権を握る「終身執政」の地位につくなど、皇帝への道を駆け上ります。そのなかでナポレオンが最重要視した一つが外交でした。

諸外国の大使や来賓をそれこそ泊まりがけで招いて接待する。それにふさわしい場所はどこか——。タレイランが選んだヴァランセは、美しい自然があり、文化の香りも漂う地でした。そして、もう一つ忘れてはならない大事な要素があります。それは、美味しい料理に欠かせない豊かな食材が手に入る場所でした。

1804年頃からカーレムは、タレイランの厨房でも働きます。このヴァランセの城にも、タレイランが滞在する期間、パリからやって来て料理を作りました。21歳のカーレムは、この時初めてパリ以外の地に足を運びました。

ここでカーレムは、「同じ料理を二度出してはならない」という、タレイランの厳しい難問に挑戦します。毎日の夕食の献立は、その日の午前中、2階にあるタレイランの部屋をカーレムが訪ね、話し合いのなかで決まっていきました。

若いカーレムには、献立を決めるこの1時間の語らいが、何よりも刺激的だったに違いありません。語らいから、新しい料理が誕生したこともあったようです。タレイランについてカーレムは、こう書き記しています。

「タレイランの料理に関する知識は一流である。その季節ならではの旬の美味しい素材を使って、その季節でしか味わうことができない、最高の美味をこしらえる。一つひとつの素材の味まで知り尽くしていた」

このヴァランセの城には、カーレムが導入したと伝えられている小型の昇降機が今も残っています。2～3階建てのレストランや中華料理店で料理や食器などを上下の階に輸送する昇降機を、この時代にすでに導入していたカーレムにも驚かされます。

一日三食が定着するのは19世紀の後半

さて、読者の中には次のような疑問を抱く人も少なくないかと思います。

タレイランという人物は、食事に強いこだわりを持ち、夕食の献立を決めるために1時間を費やしたというけれど、朝食や昼食はどうしていたのだろうかと――。

この質問に答えるには、食習慣の変化をまず説明しなくてはいけません。現代の私たちの食事は、朝、昼、夕の三食ですが、当時は一日二食が当たり前だったのです。

一日の食事が3回になったのは、人類史のなかでも比較的新しい出来事です。電気の発明と普及によって、人々が夜遅くまで起きているようになってから定着したものだったのです。その変化は語源に確認することができます。

フランス語で昼食をさす「デジュネ déjeuner」は、断食《だんじき》を意味する「jeuner」に否定の接頭辞「dé」が付いたもので、「断食をやめる」との意味があります。

夜の睡眠中は、お腹には何も入れませんから断食状態といっていい。そこで朝起きて最初の食事を「デジュネ」としたのでした。この語源のルーツは、11世紀頃にまでさかのぼります。一日の最初の食事ですから、今のように昼時に食べていたのではなく、午前中にとっていました。

今日、夕食をさす「ディネ dîner」の起源も、12世紀頃の誕生と考えられます。ただし、その意味するところは、夕食とは違います。「デジュネ」の後にとる、一日の中心となる食事を意味していました。時間も、正午頃ではなく、午後の2～3時頃にとっていました。

現在のフランス語で朝食を意味する「プティ・デジュネ petit-déjeuner」という言葉が誕生し定着をするのは、19世紀後半から20世紀まで待たねばなりません。

語源の「プティ」には、「小さい」「軽い」などといった意味があります。時代の流れの中で、「デジュネ」と「ディネ」をとる時間がだんだんと遅くなり、「軽いデジュネ」という意味合いの「プティ・デジュネ」が誕生し、三食が習慣化するようになっていったのです。

タレイランやカーレムが活躍した頃の一日の流れをみてみましょう。仕事をする時間が、午前9時から午後4時ぐらいでしたので、メインとなる食事の「ディネ」は、夕方5～6時ぐらいにとっていました。

当時の時間の流れがわかると、タレイランが一日の中心となる「ディネ」のために1時間を費やし、それ以外の食事については、さして話題にしなかったことも理解できます。タレイランは、最大の楽しみである「ディネ」は、時間をかけてたっぷり楽しみ、午前10時頃には、軽い食事をとっていました。テーブルに並んだのは、カフェオレ、卵、果物、パンなど本当に質素なものでした。

カーレムの執念で生まれた「ヴォル・オ・ヴァン」

臨時の仕事を通じて経済的にも安定し、多くのことを吸収したカーレムは、タレイラン家の料理人として働く一方で、1804年から1805年にかけて自分の名前を冠したパティスリーを開きます。場所は、当時新たに造られたナポレオン通り21番地。現在の平和通りで、オペラ広場とヴァンドーム広場を結ぶ周辺です。

パティシエ、あるいはコックとして修業をはじめた者にとって、一つの目標は、自分のお菓子や料理を作ることです。さらに上を目指すならば、独立してオーナーシェフになることでしょう。

20代半ばにしてオーナーシェフとなったカーレムにとって自分の店は、創作に没頭できる厨房でもあったのでしょう。カーレムのことですから、臨時の仕事を通して学んできたことをさらに昇華させた料理やピエス・モンテを創ってみたいと思ったに違いありません。

私も駆け出しの修業時代を思い出します。貧しかった当時は、自由に使える厨房などありませんから、アパートの小さなキッチンで、一つしかないガスレンジを駆使してお菓子作りに励みました。コンクールに出品する作品をこしらえた時は、キッチンは砂糖にまみれベタベタでした。

そうした時代を経て1980年、自分の店を構えた時は、もう感慨無量でした。カーレムの足元には及びませんが、新しいお菓子の創作にも意欲的に取り組みました。店の厨房で生まれた新しいお菓子は、30年間に数百種類はくだりません。

カーレムも、自分が築いた店で多くの挑戦をします。そのなかで生まれた料理に「ヴォル・オ・ヴァン vol- au -vent」があります。フランス料理を代表する料理の一つとして知られる「ヴォル・オ・ヴァン」は、さらに進化させたフェイタージュの中に魚や肉などを詰めたものです。

すでに知られているフェイタージュは、その生地を利用して幾つもの料理が作られていました。さまざまなものを包んで食べる「トルト tourte」も、その一つです。ただし、トルトは包み込む食材が脂の多いものだったり、味が濃いと、フェイタージュ自体にも厚みがあるために、どうしても胃に重たい料理になってしまう難点がありました。

研究熱心なカーレムは、フェイタージュをもっと薄いものに改良できないかと、オーブンでの焼き方を色々調整しています。それこそ、生地を練るという基本の作業にも新しい工夫を加え、何十回、何百回と繰り返しています。納得のできる美味しさが完成するまで、睡眠時間を削りながら——。

◉
カーレムが改良を重ねて誕生したヴォル・オ・ヴァン。なかにさまざまな煮込み料理を詰める

そうしたカーレムのすさまじい努力の末に新しいフェイタージュができました。ある日のことです。十分に寝かし、正確に組み合わせたフェイタージュを焼いていると、オーブンの中で、どんどん膨らんでいきました。それは、夏の青い空にふんわりと浮かんだ入道雲のようです。それを見ていた焼き物係りが、驚きの声をあげました。

「見て、アントナン（カーレムのファーストネーム）。風になびいて、トルトが飛んでいきそうだよ　Antonin, Elle vole au vent」

この時の感動の表現が、これまでのトルトとはまったく違う新しい料理「ヴォル・オ・ヴァン」となったのです。ちなみに料理名の由来となった「ヴォル vol」は飛ぶ、「ヴァン　vent」は風の意味です。

カーレムの本を見ると数多くのプディング、ババロア、フルーツゼリー、スーフレ、シャルロットなどが掲載されています。その厖大なレシピの数そのものが、カーレムがこれまでのお菓子をさらに発展させ、より美味しいものを作ろうと挑んだ軌跡のように思えてなりません。

製菓のなかに建築の要素を取り入れたカーレムは、それまで食べられていたお菓子にも、立体的で美しいシルエットを求めました。しぼり袋の改良もカーレムと言われています。

しぼり袋は1805年、ボルドーのパティシエ、ロルサという人物が紙を三角形に折って、そのなかにクリームを入れ絞り出したのがはじまりと言われています。これに改良を加え、口金をつけて装飾性を高め使いやすくしたのが、カーレムと伝えられています。

日本でもお馴染みのエクレアもカーレムの考案です。シュークリームのシュー生地（パター・シュー）をしぼり袋に入れて、細く絞り出すことで生まれたのでしょう。

「エクレア éclair」には、稲妻や閃光の意味があります。生地のなかのクリームが飛び出さないように「稲妻のように早く食べろ」といったところから、その名がついたようです。

◉
日本でもすっかりお馴じみのエクレア

私も幾つかのカーレムのレシピでお菓子をつくりましたが、思いもしない発想には、何度も驚かされました。その一つが「クレーム・フリット」です。クレーム・パティシエール（カスタードクリーム）を冷やし固めたものを油で揚げたユニークなお菓子です。

【材料と作り方】
グラニュー糖　120g
薄力粉　120g
全卵　5個
牛乳　500cc

バニラエッセンス　少々
仕上げ用グラニュー糖　少々

上記の材料でクレーム・パティシエールを作り、冷蔵庫で冷し固める。2～3㎝にカットして180℃以上の油で短時間で揚げる（表面が色づく程度）。少し冷まし、グラニュー糖をまぶして仕上げる。

◉
クレーム・フリット

高みを目指すカーレムは、オーナーシェフに甘んじることはありませんでした。タレイランのもとでは、料理を作るだけではなくメートル・ドオテルの任にも就いています。

招待客はどのような人で、いかなる目的で宴席が行われるのか。さらには、その目的にかなう料理は何か。料理を盛りつける食器からテーブルセッティングの方法、会場の演出など、タレイランからありとあらゆることを学んだのでしょう。

さらにカーレムは、そうした大役につきながら、ナポレオンの一族や政府高官が開くさまざまなレセプションや祝賀会など臨時の仕事にも出向いています。おそらくタレイランは、若きカーレムが一流の料理人と出会い、その腕をさらに磨く場を認めていたのでしょう。こうして一介のパティシエだったカーレムは、さまざまな人から料理に関する知識を学び、食の大家へと成長していきます。

カーレムがタレイランに仕えたのは1804年から12年間と言われています。その後のカーレムは、「料理の王」、「シェフの帝王」と讃えられ、ヨーロッパ諸国の王族、貴族から「我が料理人に」と熱いラブコールを送られます。

その大きなきっかけとなるのが、皮肉にも栄華を極めたナポレオンの失墜でした。

カーレムのルセット

プディング

テリーヌ型1本分またはクグロフ型 1台分

【材料】

アパレイユ

牛乳　500cc

全卵　4個

グラニュー糖　115g

ゼラチン　2枚

バニラエッセンス　少々

アパレイユに入れるフルーツ

プラム　120g

レーズン　50g

フランボワーズ　80g

バゲット　カットしトーストしたもの　約100g

【作り方】

型の底にトーストしたバゲットを散りばめ、3種類のフルーツを入れ、アパレイユを流し込む。アルミホイルで型にふたをし、湯煎で焼成する。冷えてから型を抜き、フルーツを盛りつけ、アプリコットジャムで仕上げる。

シャルロット・ポンム

マンケ型約18～20㎝ 1台分

【材料】

コンポートポンム　580g
生クリーム　190g
カルバドス酒　15cc
ゼラチン　6枚
レーズン　35g
リンゴのキャラメル煮　8個
トーストしたブリオッシュスライス

【作り方】

① 型にバターを塗り、型の底にリンゴのキャラメル煮を並べる。次いで型のまわりにトーストしたブリオッシュスライスを並べる。
② 温めたカルバドス酒の中にゼラチンを加えて溶かし、コンポートポンムと混ぜて冷やす。そこへ泡立てた生クリームを入れて混ぜる。
③ 型に②のクリームを半量流し入れ、レーズンを散りばめ、残りのクリームを入れてブリオッシュでふたをする。十分に冷えてから型を抜き、最後にアプリコットジャムで仕上げる。

3章

ナポレオンとカーレム

Grand Pavillon chinois

ナポレオンと言えば、日本で最も知られたフランス史上の人物でしょう。ナポレオンはカーレムが生まれる14年前に、フランスの南の海に浮かぶコルシカ島で産声をあげました。

ナポレオンが最も華々しい活躍をした時代に、カーレムはタレイランに才能を見いだされ、一人の料理人としてナポレオンの治世に華を飾ります。カーレムがあと10年遅れて生まれていたら、その人生は大きく変わっていたと言ってもいいでしょう。

美食には、ほど遠かったナポレオンの食卓

〝皇帝の料理人〟と評されることもあったカーレムですが、彼自身はナポレオンの料理長を務めたことは一度もありません。ただし、タレイランやナポレオンの料理総監督を務めたデュナン（Dunand）などから、話はいろいろ耳にしていたようです。

カーレムは、自身の最後の著作となった『19世紀のフランス料理の芸術 L'art de la cuisine française au 19ᵉ siècle』の「まえがき」に、こう記しています。

「ナポレオンの治世に、フランス料理は繁栄をした」と。

ナポレオンを良く知る方は、この一文にさぞ驚かれたでしょう。フランス史に名を残す人物のなかで、ナポレオンほど食事について無頓着な人物はいませんから。

日本の戦国武将も早食いでしたが、ナポレオンの早食いも相当なものでした。一人で食事をする時には、それこそ8分～10分もあれば十分だったといいます。味わって食べるというよりは、呑

み込んでいるといった方がいいかもしれません。

食べる順番もバラバラ。マナーもあったものではなかったようです。洋服にソースをつけて汚すことも日常茶飯事でした。さらに「大」のつく好物は、毎日のように食べたがったという子ども染みた一面もあったようです。一日一日の食事をこよなく楽しんでいたタレイランとは、対照的です。

命を賭けた戦場では、ゆっくりと食事を楽しむ時間も、心のゆとりもありません。軍人であったナポレオンにとって食事は、短時間ですむもの。そして食べたものが素早く活動のエネルギーになることが、何よりも大事でした。

そんなナポレオンは、晩餐会などで客人とテーブルをともにすることが苦痛でした。月に3度、軍事パレードが開かれ、その後で晩餐会が催されるのですが、儀典長のデュロック（Duroc）には、「宴が30分を超えないように」と常に指示をしていました。

美食や社交の才がないことを自覚していたナポレオンですが、その重要性については、誰よりも理解していました。だからこそ

◉
ナポレオンの栄光を今に伝えるエトワール凱旋門。アウステルリッツの戦い(1805)の勝利を記念し着工。建設の命を発したナポレオンは、完成を見ることはなかった

ナポレオンは、自分に代わってタレイランをはじめとした人物に最高のレセプションを開かせたのです。

食にはまったく無頓着だったナポレオンですが、今日の「瓶詰」ひいては「缶詰」の誕生は、ナポレオンの大きな功績といってもいいでしょう。

フランス革命の混乱のなか、彗星の如く現れたナポレオンは、ヨーロッパ戦線を東奔西走し、フランスの危機を救います。軍の司令官でもあったナポレオンが常に気がかりだったのが、食糧です。一度遠征に出れば、いつパリに戻れるかわかりません。大量に持ち込んだ食糧が腐敗などすれば、戦は続けられません。戦場では、いかに新鮮な状態で食糧を長期保存できるかが、勝敗を決することもあるのです。

実際、ナポレオン軍の食糧事情は厳しかったようです。当時の食品の保存方法は、乾燥や塩蔵、燻製などが主で、兵士の間では偏食による栄養失調が蔓延していました。

ナポレオンは、自らが実権を握ると食品を長期保存する最良の方法を市民に向けて公募しました。発明者には1万2000フランの賞金を与えると約束をしたのです。

こうして誕生したのが瓶詰です。発明者はニコラ・アペール（Nicolas Appert 1749～1841）です。今でも私たちが家庭で簡単にできる彼の発明は、瓶のなかに食べ物を入れて密封し、それを湯の中に入れ

◉
今日の瓶詰め、缶詰の生みの親、ニコラ・アペール

て煮沸する方法です。

ちなみにニコラ・アペールの瓶詰の原理を発展、応用して誕生したのが「缶詰」です。

好物には目がなかったナポレオン

『19世紀のフランス料理の芸術』の第1巻のなかには、「ナポレオン皇帝の美食、唐突、寛大の特徴」「セントヘレナ島でのナポレオンの生活」という章を設け、デュナンをはじめとした身近な人物から聞いた、ナポレオンの食にまつわるエピソードをカーレムは紹介しています。

ナポレオンは、自分に仕える人たちを大事にしていましたが、気性の激しいところがあり、まわりの人間は、突然驚かされることがよくあったようです。カーレムは、デュナンから聞いた話を以下のように紹介しています。

ある日、ナポレオンは、デュナンに尋ねました。

「どうして、一度も豚のクレピネット（ひき肉を脂網で四角に包んで、平らにした生ソーセージ）を出してくれないのか？」

デュナンは、答えます。

「それは、皇帝にふさわしい食べ物ではありません、とても消化しにくいものだからです」

ナポレオンの残念そうな顔が忘れられないデュナンは、翌日の昼食にヤマウズラ（鶏）の肉でクレピネットを作りました。ナポレオンはテーブルに運ばれたクレピネットを見ると、「素晴らしい」

とデュナンを褒め、次から次へ喜んで口に運びました。

ナポレオンが大変喜んだので１カ月後、デュナンはもう一度、クレピネットを昼食の献立に入れました。ポタージュを飲み終えたナポレオンは、皿に被せた鐘形のカバーを勢いよくはずしクレピネットを見ると、たちどころに怒り出しました。テーブルを押し倒すと、仕事部屋に戻ってしまったのです。

デュナンは、雷に打たれたような衝撃を受けました。すぐに儀典長のデュロックのもとへ走り、ナポレオンを怒らせてしまったことを話すと、料理総監督の職を辞したいと申し出たのです。これまで皇帝に忠義を尽くしてきたデュナンの人柄を知る儀典長は、こう諭しました。

「お腹を空かした皇帝が何か食べたいと必ず要求するはずだから、すぐに別の料理を準備するように」

傷ついたデュナンは、やっとの思いで厨房に立つと、言われた通りに食事の準備にかかりました。

しばらくして儀典長の言葉の通り、ナポレオンから「食事をとる」との声がかかりました。動揺を隠しきれないデュナンは、用意した最初の料理を部下のルスタンに運ばせ、自分は調理場に隠れていました。するとナポレオンは「どうして、デュナンが出てこないのか」と尋ねたのです。

そこでデュナンは、次の料理（ローストした鶏）をナポレオンのテーブルに運びました。ナポレオンは、彼が運んだ鶏を一口頬張《ほおば》ると、「美味しい」と言ってもっと近くに来るよう手招きをしました。ナポレオンは、デュナンの頬をやさしく何度もさすると、こうささやいたのです。

「ああ、私の親しいデュナン、あなたは私の料理総監督として、私が皇帝であるより、はるかに幸せだね」

そう語ると、ナポレオンは悲しそうに、昼食を食べ続けました。

当時のナポレオンは、プロシアへの侵攻を考えていた時で、そのことで大きな心配事があったのでしょう。カーレムは、たまたま昼食に出たクレピネットが、何か嫌なことを思い出させたのではと分析しています。ナポレオンの人柄を伝える心温まる一つのエピソードです。

皇帝の怒りで形が変わったヴァランセのチーズ

ナポレオンの唐突ぶりを伝えるもう一つのエピソードに、「ヴァランセのチーズ」があります。ヴァランセは、ナポレオンがタレイランに命じて購入した城のあった場所です。

「フランスには、村の数だけチーズがある」といわれるように、その土地ならではのチーズがあります。そのなかでもタレイランが特に好きだったチーズが、「ヴァランセ」と「ブリ Brie」でした。彼は、パリで行うレセプションでも、このヴァランセのチーズを取り寄せていました。

ある日のことです。ナポレオンと食事をすることになっていたタレイランは、自慢のヴァランセのチーズを持参しました。ところが、チーズを目にしたナポレオンは、いきなり怒りだし、タレイランにこう切り出したのです。

「エジプト遠征は、そうは言っても、あなたが私に勧めた。違うとは言わせん」

なぜ、ナポレオンが急に機嫌をそこねたのか——。

それは、ヴァランセのチーズの形にありました。当時のチーズは、ピラミッドに似た形をしていたのです。それを見たナポレオンは、敗北に終わったエジプト遠征を思い出したようです。

当時、インドを植民地化していたイギリスは、フランスにとって大きな脅威でした。エジプト遠征は、地中海におけるフランスの影響力を拡大するとともに、インドを目指すイギリス船の進路を塞ぎ、その力を削ぐことが大きな目的だったのです。

ナポレオンの軍隊は、1798年5月に南フランスのトゥロン（Toulon）港を出発。同年7月には、エジプトのアレクサンドリア（Alexandria）を占領し、カイロへと進軍しました。ところが8月、フランス艦隊はアブキール湾においてイギリス艦隊によってほぼ壊滅させられるのです。

ナポレオンがエジプトに留まっている間、フランス国内では新たな問題が噴出します。ナポレオンが占領したイタリアが奪われます。加えてイギリスやロシアの連合軍が国境近くまで迫ってきたのです。1799年秋、ナポレオンはクレベール将軍にあとを任せると、エジプトを脱出しパリに戻ります。

ナポレオンにとってエジプト遠征は、1795年10月に軍の最高司令官に就任してから初めて味わった敗北だったのです。

その日、ナポレオンの怒りを浴びたタレイランは、沈黙を守り通しました。翌日、タレイランは、再びナポレオンのいるチュイルリー宮殿に籠を持って参上しました。皇帝に会見し目の前で籠の蓋を開けると、そこには三角に尖った先端部が切られたヴァランセのチーズがありました。

これならば、ピラミッドの形にはもう見えません。なんとタレイランは、チーズ生産者に、「皇帝ナポレオンの気にさわることがないよう、チーズの形を変えよ」と命じたのです。ヴァランセのチーズが独特の形をしているのは、ナポレオンの唐突さによるものだったのです。

ここでナポレオンの好物についても紹介しましょう。特に大好きだったのが、鶏肉でした。そのなかでも、1800年6月14日、オーストリア軍を撃破し大勝利を治めた夜に食べた即興の料理は、「若鶏のマレンゴ風」と名付け、一時期好んで食べたという逸話があります。マレンゴは、戦場となったイタリア北西部の村の名前。料理は村で手に入れた卵とザリガニ、若鶏で作りました。

ナポレオンの最初の妻であるジョゼフィーヌ（Joséphine 1763～1814）が所有していたマルメゾンの館では、滞在中のナポレオンがお腹の空いた時にいつでも好物が食べられるよう、サロンの円卓には鶏の丸焼きが常に置かれていました。

ナポレオンの鶏肉好きは、流刑地のセントヘレナ（Saint Helena）

◉
もとは三角形のとがった形をしていたヴァランセのチーズ
ナポレオンの怒りを買い、今の形になった

島で彼のシェフを務めたシャンドリエ（Chandelier）の言葉に明らかです。

ほかにも、ナポレオンは次のものが大好きでした。

・ヴォル・オ・ヴァン（vol au vent）

先に紹介したカーレムが生みだした料理。

繊細なフェイタージュでできた器の中に肉、魚、野菜などの煮込みを詰めたもの。

・ミラノ風マカロニのタンバル（timbale de macaroni à la Milanaise）

マカロニをソースであえ、タンバルと呼ばれる型に入れてオー

◉

「サン・ベルナール峠を越えるナポレオン・ボナパルト」
マレンゴでの勝利にあやかり、ナポレオンは馬にもマレンゴの名前をつけていた

ブンで焼いたもの。

・リシュリュウ風のブダン（boudin à la Richelieu）

豚の血と脂からつくった腸詰に、トリュフで香りと味を付けたもの。

フランス料理の興隆に貢献した三人の男

カーレムは、ナポレオンに直接仕えたことはありませんが、ナポレオンの二人の妹のもとでは働いたことがあります。ナポレオンには、七人のきょうだいがいました。兄のジョセフとルシアン、ルイ、ジェロームの三人の弟、そしてエリザ、ポリーヌ、カロリーヌの三人の妹です。

社交の重要性を理解していたナポレオンは、その役割を自分に代わって果たすよう、親族のなかではカロリーヌとポリーヌに命じていました。

カロリーヌは、ナポレオンに仕える元帥の一人で勇名を轟かせていたジョアキム・ミュラ（Joachim Murat）と1800年に結婚します。ミュラ夫妻は、1805～1808年の間、エリーゼ宮（現在は大統領の公邸として使用されている）の主となり、ナポレオンに代わって多くのレセプションを開きました。

二人はレセプションのために最高の料理人を選びました。料理を含めたすべての総監督にロベールを任命します。前述したようにロベールは、フランス切っての美食家、コンデ公のもとで料理長を務めた人物です。革命後、彼が開いたレストランは、王侯貴族に伝わってきた美食をパリの人々に開放し人気を博していました。

そしてシェフには、ラ・ギピエール（Laguipiere 18世紀中期〜1812）を選びました。彼もまた素晴らしい経歴の持ち主です。フランス国王の調理場で働き始めます。革命後は、国王に代わって何人もの美食家の主人に仕えました。そのうちの一人には、タレイランの友人で莫大な財産を持った金融業者デュティエール（Dutillière）もいます。

一時期は、皇帝の儀典長であったデュロックが、ナポレオンの為に雇い入れたほどですから、その実力がわかるでしょう。

最高の料理を作るために最高の料理人を選ぶ。もちろん、お金も惜しまない。そんなミュラ家に対し、カーレムは次のような賛辞の言葉を贈っています。

「この栄光あるミュラ家には、王家の伝統を引き継ぐシェフたちの偉大さがあった。ミュラ夫妻が開く宴には、彼らの料理を愛する真の美食家たちが集い、常ににぎわっていた」

さらにカーレムは、ナポレオン時代に興隆したフランス料理についても、ミュラとロベール、ラ・ギピエールの三人の功績を讃えています。

「フランス料理の栄光は、ミュラの偉大さと、友情で結ばれたロベール総監督とラ・ギピエールの素晴らしい才能にあったのだ」

カーレムはタレイラン家に仕えながら、エリーゼ宮で行われるレセプションにも出向いていましたから、ロベールとラ・ギピエールのもとでも働いています。

1960年に出版された『ナポレオンの時代の料理芸術／ L'art

culinaire sous Napoléon』のなかには、エリーゼ宮で仕事をする、カーレムの興味深い記述があります。

あるダンスパーティーでのことです。ナポレオンは、突然調理場を訪問することを希望しました。ジョゼフィーヌ皇妃、執事たちを伴って、事前に知らせることなく、エリーゼ宮の調理場の扉を開けさせました。

するとカーレム（当時22歳）の指示にしたがって、多くのアシスタントが、てきぱきと働いていました。当の本人は何をしていたかというと、一人テーブルに座って、ひたすら書き物をしていたというのです。

皇帝が調理場を訪ねても、その気配に気づかないほど集中をしていたようです。カーレム自身の著作には、この時の出来事を裏付ける記述はありませんが、相当なメモ魔だったことは明らかです。その場で学んだことや、料理の新しいヒントや閃きがあると、忘れないうちに書き留める習慣がありました。

「万年筆を手に、私はその時々で、私の心を動かした出来事に

◉
ナポレオンが実権を握ってから、エリーゼ宮の大広間では華やかな祝賀会が繰り返された。現在はフランス大統領公邸

ついて書き留めるようにしてきた。そのメモのおかげで私は自分を常に進歩させてきた」

その成果を、カーレムはこう語っています。

「同じ食材でも、それを料理する方法はいくらでもある。ただし、ここで肝心なのは、その席で、その食材を用いた最もふさわしい料理は何かを瞬時に見極めることだ。それこそが一流の料理人のなせる技だ。私は常にメモを書き留めるなかで、最もふさわしい料理を見ぬく慧眼《けいがん》を養ってきた」

カーレムが若くして一流のパティシエやシェフになったのは、この地道な研鑽にあったのです。また幾つもの著作を世に出すことができたのも、メモの習慣があったからでしょう。

偉大な師　ラ・ギピエールの死

カーレムは、長い料理人生のなかで多くの人から学びましたが、ラ・ギピエールが占めた位置は、特別なものがあったようです。それを物語るカーレムの言葉です。

「私は光栄にも2年間、ラ・ギピエールの第一アシスタントを務めた」

「ラ・ギピエールは、本当に普遍的な人物であった。料理のすべての部門に知悉《ちしつ》していて、すべてを極めつきの完璧さで行っていた。素晴らしい料理と技術を、それは数えきれないほど私に教えてくれた。彼の手から作りだされるものすべてが、私には、初めて目にするものだった」

ラ・ギピエールといっしょに仕事をした期間は短かったものの、

カーレムにとっては、まさに「師」というべき存在でした。

そのラ・ギピエールは悲劇的な最期を遂げます。美食を理解し、彼の能力を高く評価してくれるミュラ元帥のもとで、存分にその腕をふるうことができる。それは、一人の料理人として、このうえない幸運でした。しかし、軍人に仕えるということは、思いもしない危険が隣り合わせにあるのです。

1812年春、ナポレオンは約47万5000人の大軍を率いてロシア遠征に向かいます。この遠征は、ナポレオンの人生に暗雲を投げかけるものでした。

遠征は想像以上に長引き、新たな敵が現れます。零下30度を越すモスクワの冬将軍です。冬支度をしてこなかったフランス軍は、厳しい寒さとも戦わねばなりません。さらに長期化によって食糧も底をつき、飢えが彼らを襲いました。

12月の極寒のなか、ナポレオンは意を決し撤退の命を発します。しかし、決断はあまりにも遅すぎました。この遠征で約10万人の兵士がロシア軍の捕虜になりました。命からがらニーメン河（現在のリトアニア、ベラルーシを流れる）を渡った者は、2万5000人。なんと35万人の兵士が命を失ったのです。生きてフランスの地を踏んだ者は、19人に1人。この戦いが、いかに悲惨なものであったかがわかります。

ロシア遠征に参加した元帥や大臣らは、彼らの抱える料理人も戦場に連れて行きました。犠牲者は兵士だけではありません。優れた技術をもった多くの料理人が絶命しました。ミュラ元帥に従ってロシアに向かったラ・ギピエールも、そこで凍死したのです。

カーレムは、ラ・ギピエールの死から16年後、1828年に出版した『パリの料理人』のなかで、その惨状をこう記しています。

「ナルボンヌ公がロシアに連れて行った20人の料理人のうち、フランスに生きて帰ってこられたのは、たった2人であった」と。

さらにカーレムは、『パリの料理人』を師と仰ぐラ・ギピエールに捧げると記しています。

「ああ、ラ・ギピエール。この厳粛なる日に、あなたを心から慕う弟子の心を受け取って下さい。どんなにあなたを嫉妬する者がいても、私は、あなたから仕事を直接教わったことを何よりの誇りとしています。その心は、これまでも、そしてこれからもずっと変わりません。

今日という日は、私にとって何よりも重要な日となりました。私は、あなたから多くを学びました。今の私のすべてを注ぎ込んだ著作を、私はラ・ギピエール、あなたの英霊に捧げます。将来、この作品は、19世紀の料理芸術の優雅さと豪華さを証明するでしょう」

私が何よりも感動したのは、カーレムがラ・ギピエールの死からずっと、その思いをもち続け研鑽に励んできたことです。著作は、カーレムが亡くなる5年前に出版したものです。「皇帝の料理人にして、料理の王」と称賛され、不動の地位を築いてもなお、若き日の誓いを胸に秘め続けきた——。

カーレムの言葉から、偉大な料理人ラ・ギピエールにも、多くの敵がいたことがうかがえます。優れた人は、批判などされないと考えるのは、大きな誤りです。「出る釘は打たれる」という諺があるように、人よりも優れているから、やっかまれる。敵も多いのが、真実でしょう。

ここでカーレムは、「敵」の本質についても「嫉妬」と見事に表現しています。嫉妬の心は、自分より優れた人物を素直に認め、褒め讃えることができない。それどころか、その人を批判して足を引っ張ろうとする。

その対極にあるのが、カーレムの勇気です。感謝の気持ちを忘れない真摯な心です。カーレム自身も、彼を嫉妬する人たちから、さまざまな批判を浴びてきました。そのなかで「自分はラ・ギピエールの弟子である」と、言い切って生きてきたのでしょう。その毅然とした生き方に、私はある哲学者の言葉を思い出さずにはいられません。

「富士山は、麓ではわからないが、山頂に近づけば近づくほど、強い風が吹いている。しかし、富士山は悠然として、びくともしない」

この富士の山のように、カーレムは師の悲劇を乗り越え、情熱を持って仕事に打ち込んできた。作品は、カーレムにとってラ・ギピエールといっしょに創造したものといっても過言ではありません。

ナポレオンの妹　ポリーヌ

カーレムは、ナポレオンのもう一人の妹、ポリーヌのもとでも臨時の仕事をしています。ポリーヌは一時期、パリの北西部にあるヌユイー（Neuilly）城に住んでいました。この城は、約170ヘクタールに及ぶ広大な敷地を誇っていましたが、1848年の革命ですべて焼失してしまいました。

さて、ポリーヌから依頼された仕事の一つに、美しいデコレーションケーキの創作があります。この地区の教会で行われたキリストの復活祭に供えられたものです。

注文を受けたカーレムは、ばら色と白とをモチーフにして、高さ1メートル50センチのデコレーションケーキを作りました。

ケーキの土台となる部分は、クッションの形をした24個のパン・ベニ（pain bénit 小麦粉、パン酵母、バター、卵などで作る）からなります。この1個の重さが2リーヴル（約1キロ）、その上に銀色の糸あめの花輪があり、最上部には、まるで白いリボンで作ったような王冠がのっていました。

◉
絶世の美女と讃えられたナポレオンの妹ポリーヌの彫刻。皇帝に代わってポリーヌも多くのレセプションを開いた

話は食とはそれますが、ポリーヌは目を見張る美貌の持ち主で、〝絶世の美女〟と評されていました。歴史家でフランス学士院会員で、その終身事務総長を務めたフレデリック・マソン（Frédéric Masson 1847～1923）は、自著『ナポレオンとその家族』のなかでポリーヌの美しさをこう記しています。

「ポリーヌは16歳。その美しさ、可憐さは、この世のものとは思えない。その瞳、顔立ち、すらりとのびた手足……、彼女の体のなかで、別なフォルムやシルエットであったらいいのにと思うものは、何ひとつない。彼女の容姿、立ち居振る舞い、あらゆるすべてが、美しく、優雅なのだ」

そのポリーヌの美しさは、彫刻に見ることができます。イタリアの新古典派アントニオ・カノヴァ（Antonio Canova 1757～1822）が、1804～1808年にかけて製作した「ポリーヌ」は、20代半ばの、女性として一番美しい時期の彼女を彫りあげたのです。

ポリーヌに古代ギリシャ、ローマの愛の神である、ヴィーナスのポーズをとらせたこの作品は、女性の美しさ、優雅さ、みずみずしい若さを表現した傑作で、ヨーロッパでも屈指の彫刻の一つとされています。

ただし、実際のポリーヌは、彼女を知る人々の証言によると表情が、多少違うようです。彫刻は、穏やかで、ゆったりとした印象が漂いますが、ポリーヌ本人は、激しい気性の持ち主で、それが顔にも表れていたようです。彫刻は、ポリーヌを理想化したものなのでしょう。彫刻は、ローマのボルゲーゼ美術館に保存され、見学もできます。

タレイランが放ったスパイは料理人だった⁉

タレイランが40年にわたって政治の表舞台で活躍できたのは、彼がスパイを使っていたからという説がある。列強がひしめくヨーロッパで、いかに近隣諸国の動向を探るか。その格好のスパイが、料理人だったというのだ。

当時、ヨーロッパの王侯貴族たちは、腕利きのフランス人の料理人を求めていた。策略家のタレイランがここに目をつけないはずはないというのだ。美味しい料理とワインを食すれば、口も軽くなる。スパイとして送り込まれた料理人たちは、給仕をしながらそこで得た情報をタレイランに流していたらしい。一級の美食家タレイランなら、ありえない話ではない。

カーレムの名をヨーロッパに広めたウィーン会議

話をナポレオンに戻しましょう。ロシア遠征の大敗北は、ナポレオンの支配に不満を抱いていたヨーロッパの国々にとって、彼を倒す絶好の機会となりました。1813年3月、満を持してプロイセンがフランスに宣戦を布告。これをきっかけにヨーロッパ諸国は、反ナポレオン連合軍を結成し、戦争の火蓋が切って落とされるのです。

1813年10月16～19日、連合軍はライプチヒでフランス軍を破ると、フランス国内へ進撃を開始します。翌年の3月31日、ロシア皇帝アレクサンドル（Aleksandr）1世率いる連合軍がパリに入城、ここにナポレオン1世の時代が終わりを告げます。

ナポレオンに代わってヨーロッパの最高君主と讃えられたアレクサンドル1世をパリで歓待したのが、実はタレイランでした。誰もが、その名前にさぞ、驚かれたことでしょう。実は、タレイランは、1807年に外務大臣の任を退いていたのでした。

外交に長けたタレイランは、ヨーロッパの列強と戦うのではなく、あくまでも勢力の均衡を考えていました。結局、力によるヨーロッパ支配を推し進めようとするナポレオンとは相いれず、袂を分かつことになったのです。

1814年、ナポレオンが失脚すると、タレイランは連合国に請われて、臨時政府の代表となります。さらにルイ18世が王位に就くと、再び外務大臣となり、その手腕をウィーン会議（1814年9月～1815年6月）で余すところなく発揮するのです。

ウィーン会議は、ナポレオン支配が崩壊したあとのヨーロッパの秩序を立て直すために開かれたものです。ナポレオンが占領した領土をいかに分割するか――。会議は列強の思惑がぶつかりあい、難航します。

この会議に敗戦国フランスの代表として臨んだのが、タレイランです。再び政治の表舞台に立った彼が、まず行ったのが美食外交でした。会議にカーレムを連れて行くと、欧州列強の紳士淑女を招いては、カーレムが腕によりをかけた美食と最高級のワインで歓待したのです。

足掛け2年にも及んだ会議は、「会議は踊る、されど会議は進まず」と評されました。ウィーン会議は終わってみれば、フランスが革命以前の国益を維持するという、敗戦国とは思えない結果をもたらしました。その勝因は、タレイランが開いた饗宴であり、カーレムの作った美食でした。こうしてカーレムの名前は、ヨーロッパの皇室や貴族にまで轟きわたることになるのです。

◉
カーレムを伴いウィーン会議に乗り込んだタレイランは、お得意の美食外交を展開し、敗戦国フランスを優位に導いた

◉
パリの宮廷で開かれた豪華な宴模様。当時の社交界の様子を今に伝える

4章

カーレムの料理に魅せられた人々

ウィーン会議をきっかけに、カーレムはヨーロッパの名だたる人物から、「是非、私の料理人なってほしい」とラブコールを送られます。

彼が作る料理に最初に頭を垂《た》れた人物が、ナポレオン没落後、ヨーロッパの最高権力者になったロシアの皇帝、アレクサンドル1世です。1814年春、タレイランは、パリに入城した皇帝一行を自邸に迎えると、連日、カーレムの料理でもてなしました。その美味に魅せられた皇帝は、「パリにいる間、是非、名シェフを貸してくれないか」と、タレイランに頼み込んだほどです。

その後もカーレムは、アレクサンドル1世に請われて、何度も彼の食事を任されます。1815年、「百日天下」でナポレオンが再び権力を握ると、ヨーロッパ諸国は連合軍を結成し、ナポレオン軍をワーテルローの戦いで撃破します。再び、パリに入城したアレクサンドル1世が、この時、何よりも楽しみにしていた一つが、カーレムの料理でした。

◉ アレクサンドル1世

イギリス皇太子の料理長に

ウィーン会議の後、カーレムを射止めた人物が、イギリスの皇太子、のちのジョージ（George）4世でした。1816年10月、カーレムは英仏海峡を超えてイギリスに渡ります。

当時、精神病を患う国王ジョージ3世に代わって、1811年から摂政として政治を行ってきた皇太子は、無類のフランス贔屓《びいき》。フランス人の料理人、バドワ（Badois）が高齢になったこともあり、彼に代わる優秀な料理人を探すよう命じていました。

その重責を担いパリにやってきたのが、皇太子の料理総監督を務めるワティエ（Watier）です。期間は短いとはいえ、ヨーロッパで一番の力を持つロシア皇帝の料理人を務めたカーレムの名声は、ワティエの元にも届いていましたが、本人にいきなり声をかけるのは、ためらいがあったようです。

そこでワティエはまず、有名な二人の料理人に会いました。ミュラ元帥のもとで料理総監督をしていたロベールとラーヌ（Lasne）です。ラーヌは、前菜の冷たい料理のエキスパートで、カーレムともこれまでに何度も臨時の仕事をしてきました。

二人が、これからを担う若い世代の一番優れた料理人として名前をあげたのが、カーレムでした。早速、ワテイエはカーレムに会い「是非にと」とラブコールを伝えます。

カーレムがイギリス行きを決めた理由には、ヨーロッパの大国であるイギリスの皇太子から、破格の報酬で招かれる喜びもあったでしょう。しかし、報酬以上に重要なことがカーレムにはありました。それは、格別な労働条件でした。

皇太子の館には二人の料理長がいて、週替わりで料理を担当することになっていたのです。1週間シェフとして働くと、次の週はもう一人のシェフが仕事をするので休みになります。1カ月の半分を遊んで過ごしても、丸1カ月分の給与がもらえる。そのことをカーレムは、「私の人生を2倍にしてくれる」と喜びを表現しています。

与えられた休暇を、カーレムは本を執筆するための貴重な時間と捉えていました。カーレムはナポレオンが大敗北をしたロシア遠征の翌年（1813年）、パリの名所にもなっていた人気のパティスリー「カーレム」から手を引いています。店は、オーナーが代わっても、そのままの名前で第二帝政の末期、1865～1870年頃まで続いたようです。

それにしても、カーレムはなぜ店を続けなかったのか――。彼自身が具体的な言葉を残していないので想像することしかできませんが、最も大きな理由は、〝芸術への探求〟〝芸術の継承〟にあったように思えてなりません。

カーレムが生きた時代というのは、フランス革命によって長い間ベールに包まれていた宮廷料理が、市民に初めて開かれた時です。王侯貴族の館のなかで、料理人から料理人へと受け継がれてきた技術と美味に、カーレムは臨時の仕事を通して魅せられました。

カーレムにとって料理は芸術であり、その芸術を極めるために貪欲に学んできました。この時代、ラ・ギピエールをはじめとした先達たちに誰よりも学んだ料理人が、カーレムでした。

それだけに、多くの料理人の命を奪ったロシア遠征の敗北は、カーレムにとって辛い、やりきれない出来事だったはずです。その悔しさ、悲しさこそが、カーレムに一つの決心をさせたのではないかと私は思うのです。

彼らから直接学んだ料理の芸術をさらに進化させていこう。彼らから教わったすべてを、後世の料理人に伝えていこう。それが多くの先達に直接学ぶことができた恩に報いる道であり、私の使命だと――。

カーレムが後半生を料理だけではなく、出版にも重きを置いたのは、そのためであったのでしょう。しかし、本を出版するには時間が必要です。いかに時間を捻出するか。その答えが店から手を引くことだったと思うのです。

晩年、カーレムは体を病魔に蝕まれながらも気丈に執筆を続けます。それこそ、亡くなる数日前まで、病床で口述筆記をしていたとも伝えられています。そこまでしてなぜ本を出版し続けたのか――。その疑問も、誓いと使命を果たすためだったと捉えると、納得ができます。

著作については、イギリス皇太子からの誘いがあった前年(1815年)、すでにカーレムは2冊の本を出版しています。1冊は製菓やデザートのレシピを紹介した『パリの王家にふさわしいパティシエ／Le Pâtissier royal parisien』、もう1冊はカーレムが得意としたピエス・モンテを紹介した『趣のあるパティシエ／Le Pâtissier pittoresque』です。

カーレムの頭のなかには、この頃から最後の著作となる『19世紀のフランス料理の芸術』の構想も山のようにあった。だからこそ、報酬以上に自由になる時間が魅力だったのでしょう。

飾り串を用いた、多彩な盛りつけ例

料理芸術を目指したカーレムは、
その料理にふさわしい串を身銭を切って買い求めた

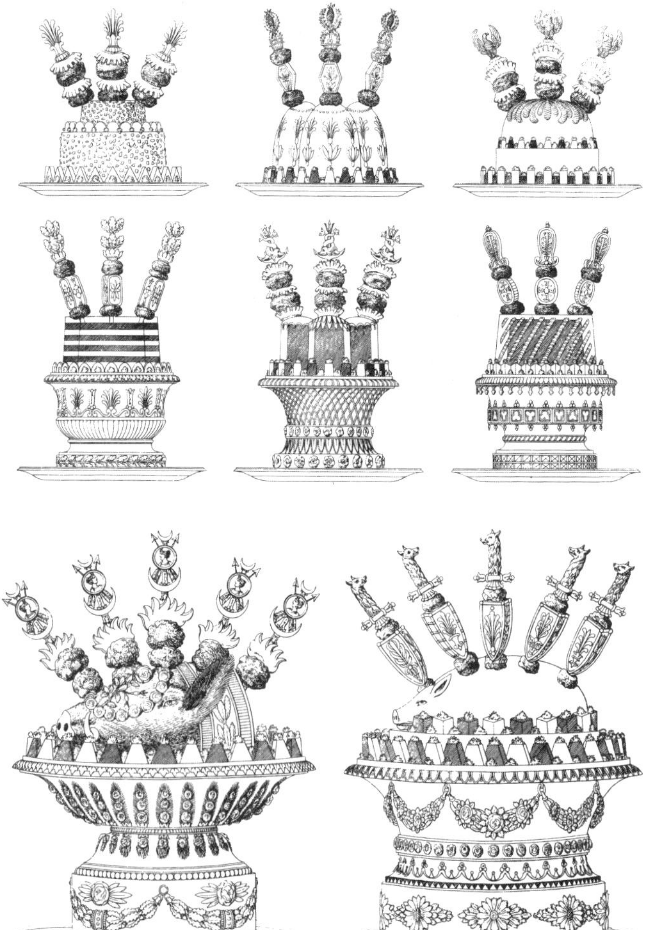

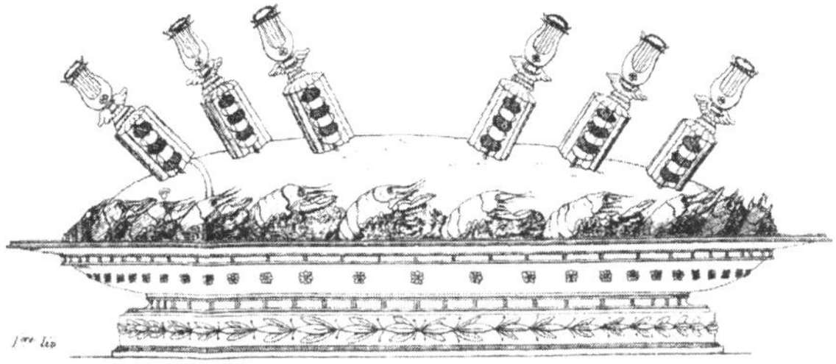

イギリス行きに二つ返事をすると、カーレムは旅立つ準備に取りかかりました。自分のことをワティエに推薦してくれたラーヌのもとを訪ねると、お礼を述べ、ソースについていろいろアドバイスをもらっています。さらにピエス・モンテに使用する新しい飾り串を買い求めています。

イギリス皇太子のもとで納得のいく料理を作るために、余念がない。妥協を許さないカーレムは、こんな言葉を残しています。

「料理を自らの仕事とする人間のなかで、その芸術性をより高めるために、私以上に金銭的な犠牲を払っている者は、いないだろう」

その言葉の通り、カーレムは財産を残すことには無頓着でした。極端な言い方をすれば、ひもじい思いをせずに暮らすことができて、安心して眠れるところがあれば、満足な男だったようです。稼いだお金は、自分が納得のいく料理を作るために惜しげもなく注ぎ込んでしまうところがありました。

カーレムは万全の準備を整えると、フランス北部の港町・カレー（Calais）から船でロンドンに向かいました。

パリこそ故郷、ホームシックに襲われる

イギリスでの仕事は、順調だったようです。皇太子、そして料理総監督を務めるワティエも、カーレムの料理に大満足でした。しかし、カーレムはしばらくすると、精神面で迷いが生じます。その時の心境について、1822年に出版した『フランスのメートル・ドオテル／ Le Maître d'hôtel français』には、こう記しています。

「私は自分がこんなにも、祖国フランスを愛しているとは思いもしなかった。33歳にして、ついこの間、初めてパリを離れたばかりだというのに……。私はどんよりと曇ったイギリスの空の下で、自分はもう二度と祖国をこの目で見ることができないのではないかという不安でいっぱいだった」

心は揺れながらも、カーレムは皇太子一家の温かい歓迎に感動し、この地で思う存分腕を振るうことを決意します。歓迎の会食のあとで、ワティエはカーレムにこう話しかけました。

「この館に住む私たちは、家族も同然です。今日から、あなたもその仲間の一人になったのです。ここには、あなたを親友と思う人たちがいます」

しかし、カーレムを襲った望郷の念は、消えることはありませんでした。皇太子も、ワティエもカーレムに留まるよう説得を試みましたが、8カ月後、彼はイギリスを離れパリに戻る決心をします。当時の心境をカーレムはこう書き残しています。

「海を隔てたフランスとイギリス。この二つの国は、こんなにも近い。だが、こんなにも違うのかということを、私は毎日発見していた。そうした日々のなかで、私は魂の病を患った。それは、故郷のフランス、パリが恋しくてしかたがないという病気である。この病によって私は自分の知能が日毎に弱っていくのを感じずにはいられなくなった。（中略）この地に永住するのかと思うと、気が狂いそうになった」

なんとも弱々しい限りです。少年時代に捨てられて、何もないところから血の滲むような努力を重ねて一流のパティシエ、シェフとして認められてきた人物にも、こんな一面があったのかと驚かされます。

なぜ、カーレムがここまで望郷の念を抱いたのか。フランスとは異なる風習、生活スタイル、言語……、そうしたなかで仕事をしていくのは、容易なことではありません。しかし、それが大きな理由とは思えません。

今日では、英語が国際語として広く使われていますが、当時のヨーロッパでは、フランス語がその位置にあったのです。イギリス皇太子の館には、フランス語を話すことができる人間が何人もいました。

やはり何よりの壁は、人間関係だったように思えてなりません。カーレムは人一倍、研究に熱心でしたが、象牙の塔にこもるタイプではありません。臨時の仕事を通して多くの優れた先達から直接学んできたように、他者との交流を何よりも大事にしていました。

先にカーレムは「初めてパリを離れた」と記していますが、それは違います。ロワール地方のヴァランセでもタレイランのもとで働いています。ミュラ元帥がドイツでレセプションを開く際には、ラ・ギピエールの第一アシスタントとして3カ月ほど現地にも赴いています。

それらの旅と今回のイギリス滞在では、一つだけ大きな違いがあります。それは、パリの仲間たちと離れていることでした。

カーレムはイギリスの地で、パリこそが自分の活躍の舞台であることを確信します。カーレムにとってパリは、豊かな食材が集まる単なる土地ではありません。美食に精通した人々がいる、料理を芸術と認め、互いを切磋琢磨する仲間がいる地でした。パリでこそ、自分は料理の腕をさらに磨くことができる。そう気づいたカーレムは、８カ月の滞在でイギリスをあとにします。

200年以上も前にヘルシー料理を探求

カーレムがイギリス滞在中の８カ月間、皇太子は痛風の痛みを忘れて美食を楽しんだ

イギリス滞在中のカーレムは、心が滅入ることがあっても、仕事では最高のものを残そうと努力しました。その一つの成果を皇太子の健康に見ることができます。

カーレムがイギリスを訪ねた時の皇太子は、大柄で125キロも体重があったと言われています。胴回りは120センチを超え、〝クジラの骨でできた牢獄のようなコルセット〟がなければ、体を支えることができなかったようです。フランスから最高の料理人を招き入れるほどですから、食欲も人並み外れていたのでしょう。

そんな巨体の皇太子は、痛風に苦しんでいました。働き盛りの男性に多くみられる痛風は、足の親指の付け根や下肢の関節が腫れ、激しく痛む病です。ただし、この痛みは、絶え間なくあるわけではありません。潜伏期と激しい痛みを感じる時期とに分かれていました。皇太子は、ひとたび発作を起こすと1週間、部屋から出られない状態が続きました。

痛風の主な原因は、たんぱく、脂質、アルコールのとり過ぎなどです。研究熱心なカーレムは、皇太子の病状を少しでも改善させようと多くの医学書にも目を通しています。そのなかには、食べ物が体の各器官にどのような影響をもたらすのかを記したもの、植物の効用を紹介した薬草の本もあります。

また料理方法の研究にも余念がありません。調理する際の火加減、蒸気を活用した調理法と健康についても学んでいます。今でいうスチーム料理です。さらに肉の衛生的な保存方法、消化のよい魚の種類なども調べています。

こうした研鑽の末にカーレムは、「油を抑えた美味しい肉料理」「痛風に効く薬草を使ったスープ」「消化のよい魚料理」など、美味しくて、健康にも良い新しいレシピを幾つも作りだしました。

その結果、カーレムが滞在した8カ月間、皇太子は一度も痛風の痛みに襲われることがなかったのです。もちろん、食事制限は一切していません。

皇太子が、毎日の食事をいかに楽しんでいたかは、カーレムに投げた彼の言葉に明らかです。

「カーレム、君は私を消化不良で殺すつもりか。君が作るものは、すべて食べたくなるものばかり。実のところ、魅惑的すぎるよ」

これに対し、カーレムは次のように答えています。

「私の重要な仕事は、より多くの料理を用意し、閣下の食欲を増進させることです。食欲を規制することは、私の役割ではあり

ませんし

　二人のやりとりから、皇太子の食欲が、ますます旺盛になっていったことがうかがえます。それでいて健康状態が良くなっていったというのですから、誰もが驚いていました。

　カーレムの料理は、ともすると絢爛《けんらん》豪華なものばかりが紹介されていますが、それは違います。食材はもちろんですが、調理方法についても、その探究心には頭が下がります。皇太子の健康は、素材の用い方や組み合わせ、下ごしらえを含めた調理方法など、食事の質が変わったことによってもたらされたのです。

　『三銃士』『モンテ・クリフト伯』などで有名な文豪アレクサンドル・デュマ（Alexandre Dumas 1802 ～ 1870）は、食についても造詣が深く、料理の事典まで執筆しています。そのなかでイギリス時代のカーレムについて、こう記しています。

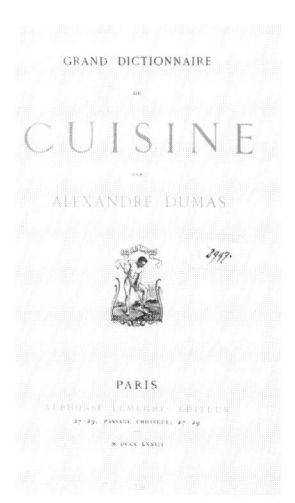

◉
デュマの最晩年の著作となった
『大料理事典』の表題扉（右）
食材の説明から、食や料理にまつわる
歴史まで、膨大な知識に驚かされる

「毎朝、イギリスの料理にすっかり飽き飽きしていたグルマンである殿下の目の前でメニュを組み立てたのである。こうして差し向かいでいる間に、カーレムは健康によい料理についてご進言申し上げたが、もしこれが印刷されていたら、料理書の古典の一つとして注目されることになったであろう」

飽食の時代の現代は、ヘルシー志向のさまざまな料理本が出版されていますが、カーレムは健康と食についても、200年前に提示をしていた。そのことに改めて驚かされます。

⚜ 近代的な厨房を備えたブライトンの館

イギリスでのカーレムの仕事場は、ロンドンとブライトン（Brighton）にある皇太子の館でした。ホームシックに襲われたカーレムが、料理以外のことで感動したのが、目の前にドーバー海峡が広がるブライトンの館でした。

ブライトンは、ロンドンから約80キロ南に位置します。温暖な気候に恵まれ、今でもイギリス屈指の観光地に数えられます。皇太子が所有していた館は、「ロイヤルパヴィリヨン」と呼ばれ、インドの建築を思わせる外観を擁していました。内装はアジア、特に中国のインテリアや様式が随所に施されていました。

皇太子は、このブライトンが気に入っていたようで、ロンドンからやって来てはよく滞在しました。カーレムも皇太子に従って、ブライトンとロンドンを何度も往復しています。

このエキゾチックなブライトンの館について、カーレムは次のように書いています。

◉
エキゾチックなロイヤルパヴィリヨンのたたずまい（上）
大厨房はカーレムの到着に合わせて急ピッチで工事が行われた（下）

「私はこの奇抜な王家の館の中を自由に移動ができて、幸せだった。かつて私はパリにある国立図書館で、古代の建築に夢中になったことがある。そこで見たデッサンと同じものが、私がいつも釘付けになって見入っていたものが、ブライトンの館のなかにはあったのだ。私は、その美しさに目を見張った」

カーレムはバイイの店で働いていた20歳前後の時に、図書館の版画室にある古代の遺跡や優れた建築物のデッサンに心を奪われました。そのデッサンは、アジアやオリエントを旅行した人によって描かれたものです。自分は、かの地を訪ねることはまずない。実物をこの目で見ることもあるまい。

そう思っていた建築やインテリアが、まさかイギリスで見られるとは——。文章からはカーレムの驚きと嬉しさが、そのまま伝わってきます。

ブライトンの館には、もう一つカーレムを驚かせたものがありました。それは、皇太子が彼を迎え入れるために造った大厨房です。その広さは、なんと宮殿の地所の4分の1、約150平方メートルもありました。厨房内には、最新式の調理器具をはじめ、特注品の厨房機器も備えつけられていました。

ロシアの都　サンクトペテルブルグへ

イギリスからパリに戻ったカーレムのもとには、再びヨーロッパの王侯貴族から熱いラブコールが寄せられました。

カーレムは、ロシアのアレクサンドル1世やイギリスの皇太子など錚々《そうそう》たる人物のもとで仕事をしました。そのなかでも特に重要な人物が、ジェームズ・ロチルド（James Rothschild）家です。

「ロチルド」の音は、あくまでもフランスでの呼び名です。ドイツでは「ロートシルト」、そして英語圏では「ロスチャイルド」と広く呼ばれています。もう、おわかりですね。ロックフェラーと並ぶ世界の金融・経済界の両雄の一つ、ロスチャイルド財閥です。

カーレムは晩年、財閥の御曹司《おんぞうし》の一人、ジェームズのもとで約5年間、料理長を務めました。ここでは、イギリスから戻り、ジェームズに出会うまでのカーレムの足跡を紹介しましょう。

1818年、フランスに駐在している連合軍の撤退計画などを話し合う会議が、ドイツのアーヘン（Aachen）で行われます。この会議の開催中にもカーレムは、アレクサンドル1世に呼ばれ、食事を任されました。

その後もカーレムは、ロシア皇帝の料理総監督を務めていたミュレー（Müller）から、宮廷のあるサンクトペテルブルグ（Sankt Peterburg）に来て、引き続き仕事ができないかと誘われます。

アレクサンドル1世は、ドイツのアーヘンからロシアにカーレムをそのまま連れて行きたかったのでしょうが、カーレムは断り

◉サンクトペテルブルグのエルミタージュ美術館。かつてのロシア皇帝の宮殿

ます。しかし、そのままパリには戻りません。ヨーロッパのなかでも古い歴史のある街、オーストリア王家の首都ウィーンを見学していきます。ところが、この寄り道からウィーン在住のイギリス大使、チャールズ・スチュワート（Charles Stewart）公の料理長を務めます。

スチュワート公は、イギリスの皇太子の館で何度もカーレムの作った料理を食し、その才能を絶賛していました。しかし、ウィーンでの仕事は数カ月に留まります。皇太子が即位することになり、式典の準備のためにスチュワート公がイギリスに帰国しなくてはいけなくなったからです。

その間、カーレムはパリに戻り、スチュワート公からの連絡をずっと待っていました。カーレムが手持ち無沙汰の状態であることを知ると、ロシア皇帝は黙ってはいません。再びサンクトペテルブルグに来ないかと、声がかかりました。

アーヘンでは、著作の執筆を理由に断ったものの、再三の招きを無下《むげ》にはできません。カーレムは、ロシア皇帝の調理場で数年間働いた友人のダニエル（Daniel）がパリに戻ってきたことを知ると、彼に会いに出かけます。いったんは誘いを断ったカーレムでしたが、ダニエルの強い勧めもあってロシアに赴く決心をします。その時の心境をカーレムは、こう書き残しています。

「荷物をまとめると、オンフルール（Honfleur）で船に乗った。（中略）この長い旅の費用を、私はすべて自分で持つことにした。ロシア皇帝のために働く、その高貴な願望を自分の手でかなえるために」

イギリスでの苦い経験があったからでしょうか、カーレムの慎重な様子がうかがえます。とともに、彼の誇り高い独立した人格、強い意志も感じられます。自分は決して雇われに行くのではない。相手が王であれ、皇帝であれ、そこで働くかを最終的に決めるのは、この私である。だから、旅の費用もすべて自分が持つのだと言い切っています。

オンフルールは、フランスのノルマンディー地方の港町です。ここから船で北海を越え、デンマークの海岸を通り、バルチック海に入っていけば、ロシアのクロンシュタット（Kronstadt）の港に到着します。この港までたどり着けば、あとは運河を下るだけ。首都のサンクトペテルブルグは、目と鼻の先です。

しかし、たどり着いたサンクトペテルブルグは、カーレムが存分に才能を発揮できる舞台ではありませんでした。カーレムが到着する前に皇帝の厨房内で不祥事が発覚し、厳しい監視が敷かれていたのです。

当然、予算についても厳しい締めつけがありました。使用する食材すべてについても会計報告をしなくてはいけないというのです。それはカーレムにとって耐えられることではありませんでした。

厳しい寒さが生んだ⁉　ロシア式サービス

前菜から主菜にかけて料理が一皿ずつ給仕される、一般的なフランス料理のサービスは、実はロシアから始まったもので、「ロシア式サービス」と言う。

これに対しカーレムが活躍した時代までのフランス料理は、豪勢に盛りつけた大皿料理をテーブルに一度に並べ、祝宴そのものを華やかに飾ることに重きが置かれた。この「フランス式サービス」のもとでは、味覚よりも視覚が優先されてきた。食が権威の象徴でもあったのだ。

ところでヨーロッパの多くの国が「フランス式」を取り入れるなかで、ロシアでは、なぜ新しいスタイルが生まれたのか。その要因の一つに寒さがあったという。冬のロシアの寒さは半端ではない。豪華に並べた料理も冷たくなり過ぎて、食べられたものではなかったのだろう。

これまでカーレムが雇い主と決めた人々は、誰もが彼に全幅の信頼を寄せていました。カーレムが最高の料理を創作するためなら、金を惜しまない。そうした雇い主のもとで、カーレムは創造性を発揮し、素晴らしい料理を作りあげてきたのです。

どんなに魅力的な報酬も、ロシア皇帝の料理人という名誉も、カーレムには関心がありません。彼にとって料理は「芸術」です。一切の妥協を排し、すべての情熱、努力、創造性を懸けるに値するものです。自腹を切ってロシアまで来たものの、ここで仕事をすることは、潔く捨てます。

好奇心旺盛なカーレムには、無駄な旅はありません。そのまま数カ月、サンクトペテルブルグに滞在するとスケッチブックを抱え、有名な観光地を訪ねています。この時のスケッチなどをもとに出版されたのが、『サンクトペテルブルグの建築装飾の研究』です。料理だけではなく、建築の本まで出版してしまった料理人は、後にも先にもカーレムぐらいでしょう。古代の建築に魅せられ独学で勉強してきたカーレムの知識に驚かされます。

もちろん、料理についてもロシア各地の市場を訪ね、食材についても事細かく調べています。

バグラション大公妃の料理長に

1819年もロシアとの縁が続きます。サンクトペテルブルグからのカーレムの帰りを待っていたのは、パリに住んでいたロシアの貴族、バグラション（Bagration）大公妃です。

この大公妃は大変な社交家で、自宅で頻繁《ひんぱん》にレセプションを開

◉
マリー・アントワネットも過ごしたウィーンのシェーンブルン宮殿
ここでウィーン会議も開かれた

いていました。そのレセプションにカーレムの料理を出したいというのが、彼女の夢でした。強く請われて働きはじめたカーレムは、大公妃を次のように絶賛しています。

「この優れた、知的な貴婦人の食卓でのもてなしは、まさにお手本とすべきものだった。来賓への細やかな心配り、趣向を凝らしたテーブルセッティング、そして優雅な語らいは、フランスやイギリスの、どのような貴族にも負けるものではなかった」

しかし、バグラション大公妃のもとで仕事をした期間は、そう長くはありません。大公妃が重い病気になりベッドから起き上がれなくなったのです。レセプションどころではありません。

その少し前にカーレムは、一通の手紙を受け取ります。かつて働いたチャールズ・スチュワート公からでした。ウィーンに戻ることが決まった彼は、粋な言葉で再び自分の料理人になってくれないかと思いを伝えてきたのです。

「かつて私は、君の素晴らしい料理を毎日堪能した。その美しい思い出にかなうだけの料理人を、私はいまだに見つけられずにいる」

カーレムは大公妃に事情を話し、円満に彼女のもとを去ると再びウィーンへ向かいました。スチュワート公のもとには1820年12月頃から1821年の末頃まで働いたようです。

かつてのイギリスでの仕事が、望郷の念に駆られ長く続かなかったことを考えると、カーレムが二度にわたってウィーンで働いたことに驚きます。どうやら、ロンドンやサンクトペテルブルグに比べてウィーンが気に入っていたようです。しかし、一番のお気に入りはパリでした。『フランスのメートル・ドオテル』にカーレムは次のように書いています。

「ウィーンはヨーロッパの首都の中で、誰もが認める、どこよりも暮らしやすい街だろう。生活するのにお金がかからない。しかし、それほどに素晴らしいウィーンも、パリの豊かさには、かなわないだろう。いや、ヨーロッパ、世界を見渡しても、パリ以上に美食の産物があふれた都市はない」

ジェームズ・ロチルド家の料理長に

カーレムが最後に仕えるのは、ユダヤ系財閥の一人、ジェームズ・ロチルドです。1826年から1830年頃までの約5年間、料理長として務めあげました。

1822年、オーストリア皇帝から男爵の位といっしょに授かった紋章

スチュワート公が駐在するウィーンからパリに戻り、ジェームズ・ロチルドのもとで働くまでの約5年間、カーレムはどのように過ごしたのでしょうか。

当時の彼は、本の出版準備に忙しくしていたようです。臨時の仕事につくことはあっても、特定の雇い主に仕えることには、極めて慎重でした。

ヨーロッパにその名が知れ渡る料理人ですから、多くの申し入れがありました。しかし、カーレムは己の信念に従って、雇い主を選んでいました。自分と同じように料理の芸術性を理解し、その発展のためにお金を惜しまない人でなければ、どんなに素晴らしい条件であっても、どんなに高い地位の人物であっても、決して首を縦には振りませんでした。

反対に、カーレムが「この人ならば」と決めた人物については、辛抱強く待ち続けました。その一人が、オーストリアの貴族、ポール・エステルアジ（Paul Esterhazy）です。ポールが大使としてパリに赴任する時に働く約束をすると、他の人からの申し入れを断り、ポールを何年も待ち続けました。カーレムが、ジェームズ・ロチルド家で働く決心をするのは、ポールがパリに来られないことがわかってからです。

そのジェームズ・ロチルド家について、説明しましょう。ロチルドの名前がヨーロッパに知られるようになるのは、19世紀の前半です。

ジェームズの父、ロチルド家の創始者にあたるマイヤー・アムシェル（Mayer Amschel 1743 ～ 1812）は、ドイツのフランクフルトで古銭商から両替商に成り上がり、広く金融に携わります。マイヤーには五人の息子がいました。この五人がヨーロッパ各地に支店を開き、一族は国際銀行として大成功を収めていくのです。

長男のアムシェル（Amschel）は、父が創業したフランクフルトに残ります。次男のサロモン（Salomon）はオーストリアのウィーン、三男のナタン（Nathan）はイギリスのロンドン、四男のカルマン（Kalmann）はイタリアのナポリ、そして五男のジェームズはフランスのパリへ赴きます。

なぜ、ロチルド家がヨーロッパで巨大な富を築くことができたのか。それは彼らが築いた独自の国際送金システムにあります。

それまでの送金は、現金もしくは現金に相当する金を人の手で直接送り届けていました。途中で何が起きるかわかりませんから保険をかけ、護衛までつける大変な作業でした。しかし、そこまでの準備をしても、無事に金を届けられるとは限りません。途中で盗難に遭うこともしばしばあったようです。

それが五人の兄弟がいるヨーロッパの５都市間では、支店長がサインした紙を別の都市に送るだけで、送金ができるようになったのです。安い手数料で、しかも簡単で確実に送金ができるようになると、ロチルド家があっという間に国際送金をほぼ独占するようになります。

こうしてヨーロッパ経済のなかでロチルドの五人兄弟の活躍が認められ、1822年、オーストリア皇帝から兄弟全員が「男爵」という貴族の位を与えられます。

「成り上がり者」を払拭したカーレムの料理

パリに落ち着いたジェームズは、このあと、フランスにおいて莫大な資産を形成します。1830年から1848年のルイ・フィリップ王の時代には、フランス一番の金持ちとなり、王の財産管理を任されるまでになります。彼の資産は、一説によれば国王の10倍はあったと言われています。

しかし、カーレムと出会う前のジェームズは、金融業界にはその名が通っても、フランスの上流階級には、さして知られてはいませんでした。その名を耳にする人たちも良い印象は持っていない、むしろ胡散臭《うさんくさ》い存在だったようです。これはいつの時代にも共通することですが、多くの人々、とりわけ前の時代に力を持っていた人たちは、新たな勢力を「成り上がり者」としか見ません。

ジェームズが、さらにフランスで事業を発展させていくには、単なる成り上がり者ではないことを世間に認めさせなくてはいけません。

振り返れば、新興ブルジョワジーのジェームズと似た立場にあった人物が一人います。コルシカ島出身のナポレオンです。彼は、「成り上がり者」「田舎者」というレッテルを払拭《ふっしょく》するために、世間を驚かせる、素晴らしいレセプションを開きました。

かつての王侯貴族にも負けない壮大なレセプションを目にした人々は、ナポレオンへの認識を改めていきます。ナポレオンは、単なる成り上がり者ではない。社会の慣習を大切にした常識人であり、文化を解した教養人であるのだと――。

ジェームズもナポレオンを倣い、最高の料理人を求めました。そしてたどり着いたのが、カーレムだったのです。こうしてカーレムは、1826年から病気で体が弱る1830年頃までジェームズ・ロチルド家で務めます。

カーレムの最後の著作となった『19世紀のフランス料理の芸術』の冒頭には、ジェームズ・ロチルド夫人への感謝を次のように記しています。

「いつの時代でも、芸術・職業の発展のために尽くす人々の心のうちを評価したのは、優れて繊細なセンスの持ち主だった。彼ら芸術家・職人たちは、そういう人たちに、仕事の成果を捧げようとしてきた」

このカーレムの言葉の通り、ジェームズ夫妻は、単なる「成り上がり者」の金持ちではありませんでした。築いた資産を芸術や文化のために惜しまずに使いました。カーレムを迎える条件も、半端ではありません。カーレムに提示した年棒も8000フランと破格のものでした。

「ヨーロッパで最高の料理を演出してほしい。そのためには、それに見合う高い給与も払おう。そして十分な有給休暇も保障しよう」

カーレムは、料理という芸術を後世に伝えるために執筆にも力を注いでいましたから、ことのほか有給休暇を喜びました。

カーレムがジェームズのもとで働くことを受け入れたもう一つの大きな理由は、彼らが真の美食家であったことを挙げたいと思います。

カーレムによって進化した盛りつけ例

見た目にも料理は美しくなくてはいけない。
大皿に盛られた料理や製菓にも、カーレムは芸術性を求めた

カーレムの著作には、「料理芸術」といった言葉がいたるところで目につきます。彼は、フランスの美食文化を料理やお菓子といった狭い分野で捉えるのではなく、総合的な芸術と捉えていました。飲み物、料理を盛るさまざまな食器類、テーブルを演出する飾り物、インテリアにいたるまで、すべてを包括して一つの芸術と見なしていました。

そうしたカーレムの考えを誰よりも理解した人物の一人が、ジェームズ夫妻でした。カーレムが亡くなってのち、ジェームズは1868年に世界的に有名なボルドーの五大シャトーワイン（赤ワイン）の一つ「ラフィット」を買い取りますが、これも「料理芸術」を解すれば自然なことでしょう。フランス料理は、ワインと対をなすものです。最高の料理には、最高のワインが欠かせません。

ジェームズは「ラフィット」と呼ばれていたシャトーに、自分の名字をつけ、「シャトー・ラフィット・ロチルド／château Lafite-Rothschild」と名付けました。そのシャトーは、今も彼の子孫がオーナーを務めています。日本では「シャトー・ラフィット・ロートシルト」の名前で知られています。

ちなみにこの五大シャトーのなかのもう一つを、ロチルド家が

◉
ジェームズとベッティー・ロチルド夫妻

所有しています。ジェーズの兄でイギリスに渡ったナタンの息子、ナタニエル（Nathaniel）が、1853年に、「ブラン・ムトン」と呼ばれていたシャトーを買い、「ムトン・ロチルド／Mouton Rothschild」と名前を改めました。

参考までに五大シャトーの残り三つの名前も挙げておきましょう。「マルゴー／Margaux」、「ラトウール／Latour」、「オーブリオン／Haut-Brion」です。このうちオーブリオンは、1801年から1804年にかけて、美食家のタレイランが所有していました。

タレイランは、カーレムの料理でウィーン会議に参加した各国の要人たちをもてなしましたが、その時に用いられた最高級のワインが、実はこのオーブリオンだったのです。

音楽家ロッシーニとの友情

カーレムを料理長に招いたジェームズは、彼の料理でフランスの上流階級を味方にしていきます。ヨーロッパで最高の料理と宴は、パリの新聞に幾度も取り上げられ、パリの誰もが「一度でいい、カーレムの料理を食べたい」と憧れたほどです。

多くの人々を魅了したカーレムの料理を伝える一文を紹介しましょう。以下は、1829年7月6日に開かれた晩餐会に招待されたアイルランドの女性作家レディー・モルガン（Morgan）の手記です。

これほどの晩餐を創造した科学と探究心を正しく評価するには、創造者と同等の知識を必要とするだろう。その晩餐の特徴は、季節にふさわしい旬の食材を使い、時代の精神にかない、素材を

ごまかさず、先人の知恵をなぞっただけの料理は一皿もないことにある。（中略）

最高にデリケートな食材から化学的な精確さで取りだした「銀のしずく」が「温かい湯気を雲のように漂わせながら」あらゆるフォンに溶けこんでいく。（中略）マヨネーズは氷で冷やされ、プロンビエールは、ちょうどいいくらいに冷たい。その冷たさこそ最大の衝撃かと思いきや、雪崩のように襲ってきたのは摘み立てのネクタリンの色と香り――そこには荒々しさなど微塵もなく、五感を満足させてくれた。

もし料理人に、その実績を鑑みて王冠を与えるならば、料理法を一つの芸術として知的に完成し、現代文化のスタンダードとなしたカレームにこそ、王冠が与えられて然るべきである。

『宮廷料理人アントナン・カレーム』より

世界一の料理人を手にしたジェームズは、事業を拡大し、莫大な資産を築いていきます。それこそカーレムと出会う前、1820年頃の彼の個人資産は、12万フランだったものが、1830年には200万フラン、シャトー・ラフィットを手に入れた1868年には、なんと1億500万フランにも膨れ上がったというのですから、その凄まじさがわかるでしょう。

ジェームズのレセプションには、外交官や大臣のほか、当時の有名な芸術家が常に招かれていました。画家ではアングル（Ingres 1780～1867）、ドラクロワ（Delacroix 1798～1863）がいます。詩人のハイネ（Heine 1797～1856）、小説家のユゴー（Hugo 1802～1885）、音楽家のショパン（Chopin 1810～1849）やロッシーニ（Rossini 1792～1868）らも、常連客でした。

オペラ「セビリアの理髪師」の作曲家として知られるロッシーニは、美食家としても知られた人物で、食にも並々ならぬ関心を持っていました。その彼の名前は、幾つもの料理名に残っていますが、特に有名なのが、「牛フィレ肉のロッシーニ風（Tournedos Rossini)」です。グリルした牛のフィレ肉にフォアグラとトリュフをつけ合わせたもので、日本のフランス料理店でもお目にかかれます。

そんなロッシーニとカーレムは話が合い、交流を温めていました。互いに分野は違っても、芸術家として尊敬しあっていたことは、カーレムの次の言葉に明らかです。

「料理人が追究する芸術は、画家や音楽家たちが追い求める芸術と共通するものがある。画家は、多様な色の組み合わせで、真っ白なキャンバスに作品を創造していく。その作品は私たちの視覚を刺激し、想像の世界へ誘う。

音楽家は、音の組み合わせでハーモニーを創り出す。そのメロディーを聴く者は、しばしの時を忘れ、安堵に包まれる。

料理においても、同じことが言える。美食家の鼻と口は、さま

◉
分野は異なるが、互いを芸術家として
認め合った音楽家のロッシーニ

ざまな食材によって彩られた美しい晩餐を見るとき、素晴らしい絵画や音楽に出逢った時と同じような感動に包まれる」

二人の仲の良さを物語るエピソードがあります。ある時、ロッシーニにアメリカへの演奏旅行の話が持ち込まれました。その時にロッシーニは、「カーレムがいっしょに来てくれるのなら、アメリカに行くよ」と答えたというのです。

多くの芸術家、そして貴族たちが集い、賑わったジェームズの館は二つあったようですが、詳しい所在地はわかりません。当時の建物が何も残っていないからです。しかし、およその場所はわかります。

一カ所は、パリの9区のラフィット（Laffitte）通り（当時はアルトワArtois通りと呼ばれていた）に面したオペラ座に近いところです。もう一つは、パリの西のはずれのブローニュ（Boulogne）です。この付近にあったとされる館は、ロチルド公園となり、その名を今にとどめています。

◉
ロチルド公園のあった周辺には、ジェームズの館があり、
華やかな舞踏会が開かれた

5章

人間 カーレム

⚜ 晩年の夢は、パリの家で過ごすこと

人生で大切なことは、いかに死の瞬間まで生きたかです。病床にあっても、自身の信じる道を生き抜こうと最後まで生命の炎を燃やし続けた。それがカーレムの人生でした。

カーレムは1830年頃、約5年間料理長を務めたジェームズ・ロチルド家を去ります。多くの料理人と同じように、病がカーレムの体を蝕んでいました。

料理人の仕事場である厨房は、当時は建物の地下にあることが多く、それは劣悪な環境でした。小さな窓があっても、温かな料理を冷やさないよう、閉めたままで長時間仕事をしなくてはいけません。そんなシェフの人生をカーレムは、著作のなかでこう漏らしています。

「料理人は職業人生を地下で送る。昼でも薄暗い灯が視力を弱める。厨房には、木炭の煙と蒸気が立ち込め、いつまでも居座り続ける。もし、厨房が1階にあったならば、料理人はもっと健康でいられるだろう」

「我々を殺すのは、この木炭の煙だ」

人生の多くの時間を厨房で過ごしてきたカーレムの体も、相当いたみつけられていたのでしょう。しかし、引退は考えていませんでした。体は病んでも、料理への探究心は、今まで以上に燃え盛っていました。

ジェームズはカーレムが辞める1年ほど前に、パリから東に25キロメートルほど離れたフェリエール（Ferrières　現在のセネマルヌ

県）にある城を買います。城の周辺には豊かな自然があり、狩猟も楽しめます。ジェームズは、そこで採れる野菜や動物が、カーレムの素晴らしい料理の素材になると考えたのです。さらに10年もたてば、カーレムも第一線を離れる年になりますから、晩年をこの城で隠居すればいいだろうと、真心から考えたのでした。

そのプレゼントに対し、カーレムは丁重に次のように答えました。

「私の望みは、最後の日々を城で過ごすことではありません。パリの質素な家で過ごすことです」

カーレムの飾らない人柄が伝わるエピソードです。ヨーロッパを席捲した料理人は、贅沢な場所で老後をのんびり過ごすなどということは、微塵も考えてはいなかったのです。

むしろ人生の最後は、住み慣れたパリの家で仕事を全うしたい。カーレムは、自分がそう長くは生きられないことを心のどこかで感じていたのでしょう。残された時間のなかで、どれだけの仕事をやり遂げることができるかを常に考えていました。

カーレムが死を意識したのはいつ頃だったのか——。彼自身の記録によると、1829年の夏を過ぎたあたりのようです。モルガンを迎え、盛大なレセプションを開いたのが7月。それ以降、カーレムは病の影に怯え、「ひょっとしたら、私の未来を塞いでしまう」と、書き残しています。

病そのものは、それ以前にもカーレムの体を静かに蝕みはじめていました。

「厨房は戦場のような忙しさだ。その仕事を終えてから、私は右脇腹に耐え難い痛みを覚えるようになった。この痛みを感じるようになってから、私は疲れるようになった」とも綴っています。

医師のロック（Roques）は、カーレムの訴える痛みは、治療の難しい肝臓の炎症ではないかと診断しています。今日の医学からみるならば、肝臓がんの一種だったのかもしれません。

1830年６月、カーレムは、医師のブルセ（Broussais 1772～1838）に勧められ、ビシー（Vichy）に湯治《とうじ》に行っています。フランスのちょうど中央にあるビシーは、古代ローマの時代から水質の良さで知られた地域で、ナポレオン３世をはじめ、多くの有名人らが湯治に訪れています。カーレムもここにしばらく滞在し、体調も良くなったようです。

ここで「湯治」について、日本とフランスでの違いを紹介したいと思います。日本では広い意味で温泉に浴することも湯治の一部に含みますが、フランスでは、自然の恵みが溶け込んだ優れた効果のある湧き水を飲む、浸《つ》かるなどして、病んだ体を治療する行為のみをさします。

「ミネラルウォーター」のとらえ方も、両国では大きく違います。日本では、湧き水を詰めた水を一般にミネラルウォーターと呼んでいますが、フランスでは自然の湧き水であっても、治療効果をフランス厚生省が認可していないものは、ミネラルウォーターではありません。ペットボトルや瓶のラベルに「オドスルス Eau de source」と表示されているものは、自然の湧き水。国が認可したミネラルウォーターには、「オミネラル eau minérale」と表示されています。

ミネラルウォーターでは、ほかにも違いがあります。それは殺菌処理の有無です。日本では「天然の湧き水」といっても、殺菌処理が義務づけられています。そのために本来、含有しているはずの炭酸ガスが失われるなどしています。当然ですが、味にも微妙な変化が生まれます。

これに対しフランスをはじめとしたヨーロッパのミネラルウォーターは、加工しなくても飲める清水で、自然の美味しさをそのまま保存したものなのです。

カーレムに話を戻しましょう。翌年の1831年5月、カーレムは再びビシーで静養します。この年は、体調も良かったのでしょう。9月には、ノルマンディ地方のルアン（Rouen）でレストランを営んでいる友人たちを訪問しています。彼らは、数年前からカーレムに仕事のことでアドバイスを受けたいと声をかけていたようです。

約束を果たしたカーレムは、ルアンの町の随所を観光しています。体は弱ってはいましたが、好奇心は衰えていません。そのなかでも一つの教会が特に気に入ったようで、次のように書き残しています。

「サントアン（Saint-Ouen）教会の中に入って、内部の装飾を見た時の感動は忘れることはないだろう。外観はもちろん、細部にまで趣向を凝らしたデザイン、さらにその調和は見事なものだ。私は時のたつのも忘れ、その美しさに魅了された。

私はゴシック様式の教会をドイツ、イタリア、イギリス、フランスでも数多く見てきた。フランス国王の戴冠式が行われてきたランスの大聖堂（パリから約130キロ北東にあるランスのノートルダム大聖堂）も、イギリス人が誇りとするロンドンのウインチェスターの大聖堂も、素晴らしい。

しかし、世界各地を訪ね歩き、観察眼を養った旅行者には、サントアン教会ほど優雅で豪華な印象を与えるものはないだろう。この傑作を目にした私の胸は、言葉に表すことのできない大きな感動でいっぱいになった」

芸術、とりわけ建築の美について語るカーレムは、喜びを全身で表現する子どものようです。そうした心の持ち主だからこそ、料理芸術の探求にも情熱を注ぎ、果敢に挑んだのでしょう。

◉
どこよりも美しく、深い趣があると、カーレムが絶賛をした
ルアンにあるサントアン教会

死の瞬間まで料理人だったカーレム

一時は好転したものの、病は静かにカーレムの体を蝕み続けました。翌年（1832年）の8月頃になると、ベッドで横になっている日が増えていきます。しかし、カーレムは希望を抱き続けます。

「私は望みます。どうか、神が私をより遠くへ進ませてくれますように――。なぜなら、私は自分が果たすべき仕事を完成させたいのです」

「仕事」というのは、執筆中の『19世紀のフランス料理の芸術』です。この本にかけるカーレムの執念は、何かに取りつかれたようでした。ペンを手にとることができなくなると、横になったまま、口述で仕事を続けました。一人娘のマリアが、振り絞ったカーレムの言葉を書き取り、それを歴史家のフレデリック・ファヨ（Frédéric Fayot）に届けました。

ファヨは、これまでも多忙なカーレムに代わって実務面のサポートをしていました。彼が原稿を整理し、カーレムの弟子が働く出版社に持ち込みました。

晩年のカーレムの暮らしですが、外出ができなくても、住んでいたヌーヴ・サンロック通り（現在のパリ1区、サンロック Saint Roc通り）のアパートには、友人たちがよくやってきて、孤独ではありませんでした。

ある時は、ロック（Roques）が、『きのこの歴史』という自著を持ってやってきました。娘のマリアが、その本を傍らで朗読します。ともに臨時の仕事で腕を磨きあったリケット（Riquette）やアラン（Allain）らが訪ね、昔話に花を咲かせることもありました。訪問客は、料理人とは限りません。化学者の友人と食物の保存方法について、おしゃべりに興じることもありました。

そうした楽しいひとときは、痛みを忘れさせてくれましたが、病状は深刻さを増していました。カーレムのもとには、湯治に行くことを勧めたブルセや、フランス国王の外科医を務め、学士院会員であったデュピュイトレン（Dupuytren 1777～1835）など名だたる数人の医師が交代でやってきて、あらゆる手だてを施しました。しかし、その効果を見ることはかないませんでした。

1832年も過ぎ、新しい年を迎えました。衰弱したカーレムの体は、いつ何が起きてもおかしくない状態だったのでしょう。

そして1月12日、最期の夜を迎えます。ファヨの証言によると、カーレムは亡くなる数時間前に左半身が麻痺し、全く動かせなく

◉
カーレムのアパートがあったパリ1区のサンロック通り。晩年を住み慣れたパリの街で過ごした

なりました。意識も混濁し、とても可愛がっていたマリアのことも、わかりません。

夜もだいぶ更け、弟子の一人が会いにやってきました。朦朧《もうろう》とするカーレムの耳元で弟子が一生懸命話しかけると、一瞬ですが意識が戻りました。目を開き、静かに口を開くと、弟子にささやきました。

「ああ、君か、ありがとう。明日、魚を送るようにしてくれ。舌びらめのクネルは、とても美味しかった。でも君の魚はよくなかった。味付けがよくなかったな」

その声はとても小さく、弱々しいものでしたが、意識はしっかりありました。

「ゆっくりと……、フライパンを動かすように……」

そう言葉を続けると、カーレムはベッドから静かに右手をあげ、フライパンの扱い方を手ほどきしようとしました。が、その力はもはや残ってはいません。再び目を閉じると、カーレムは二度と目を覚ますことなく、30分後に静かに息を引き取ったのです。享年50歳でした。

カーレムの最期の姿は、ときにナポレオンの臨終の場面を思わせます。

ナポレオンは、1821年5月5日、流刑地であった大西洋の孤島、セントヘレナ島で51歳で亡くなります。晩年の病状から、ナポレオンは胃がんであったのではないかと言われています。

セントヘレナ島まで付き添ったベルトラン将軍の記録によると、ナポレオンは亡くなるその日、朦朧とする意識の中、かすかに聞き取れる声で次のように発しました。

「誰が、退却しているのか」

「軍の先頭に」

セントヘレナ島に流されて5年、体は衰弱し、病床に伏していても、ナポレオンの心は、フランスの命運をかけた戦の最前線にありました。

カーレムも同じです。料理芸術を追い求めた彼が、死の間際で蘇ったものも、弟子たちと料理に格闘した日々でした。カーレムの最期の言葉は、彼が料理芸術の発展に生き抜いた何よりの証といってもいいでしょう。

東洋の叡知《えいち》である仏教のなかには、臨終の場面というのは、その人物の人生の総決算ともいえる厳粛な場面である、と説いています。

臨死研究では、それを裏付けるような証言もたくさんあります。臨死を体験された多くの人たちが、「そこでは、自分の人生の様々な場面が、まるで早送りのビデオを見るかのように脳裏に蘇った」「誤魔化しは一切きかない、自分がこの人生で何をなしたかが突きつけられた」と語る人もいます。

ナポレオンは、カーレムより14年前に生まれていますが、ほぼ同じ時代を生きました。無名だった二人は、それこそ恵まれない状況にあっても信念を貫き、努力を重ね、フランスはもちろんヨーロッパに名前を轟かせました。二人の最期に、人生のなんたるかを考えさせられたのは、私だけではないでしょう。

カーレムが亡くなった翌日、パリの新聞各紙は偉大な料理人の死を悼みました。「ラ・トリビューン」（La Tribune）紙は、植物・古生物学の第一人者で、アカデミー・フランセーズの会員にもなったキュヴィエ（Cuvier 1769～1832）に勝るとも劣らない業績を料理芸術の世界に残したと、カーレムを讃えています。

2日後、自宅に近いサンロック（Saint Roc）教会で、葬儀が行われました。今日であったら、国葬という栄誉を受けてしかるべき人物ですが、当時のフランスは、料理が芸術の一つであり、偉大な料理人も芸術家であることを認める土壌は、まだまだありませんでした。

このサンロック教会には、フランス古典悲劇の確立者と称えられているコルネイユ（Corneille 1606～1684)、ヴェルサイユ宮殿の美しい庭園の造園者として有名な建築家のル・ノートル（Le Nôtre 1613～1700）らが葬られています。

ル・ノートルの墓石に刻まれている次の言葉は、そのままカーレムの人生にもあてはまります。

「彼の仕事の恩恵を受けたものは、フランスだけではない。ヨーロッパのすべての王家の者たちが、彼の弟子を雇うことを望んだ。彼には、比較できるようなライバルはいなかった」

さらにカーレムの死から約50年後に『大料理事典』を著したアレクサンドル・デュマも、彼の功績をこう讃えています。

「カーレムの死後も、数多くの大公が公国を失い、数多くの王が王座を追われてしまった。しかし、天賦の才によって料理の王国の王となったカーレムは、いまもその座にあり、カーレムの栄光にかげりを与えるような敵対者も現れなかった」

◉
偉大な料理人の葬儀が行われたサンロック教会

古地図に残るアントナン・カーレム通り

カーレムはバイイの店で働く前に約１年間、中央市場（レ・アル）周辺のパティスリーで修業をはじめている。

カーレムの死から約60年後の1894年6月21日、彼が修業の第一歩を印した地にアントナン・カーレム通りが誕生。下の地図は、その名を記したもの。

アントナン・カーレム通りは、1970年代に中央市場の移転、再開発によって消失。現在は、巨大なショッピングセンター「フォーラム・デ・アル」が建つ。今再び、アントナン・カーレム通りの誕生を願うものである。

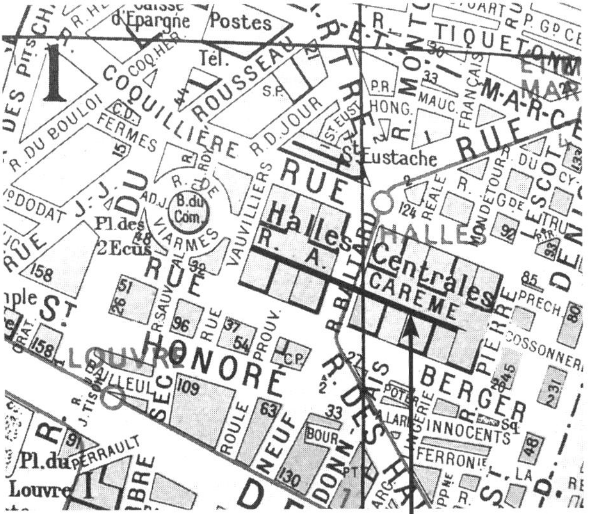

R.A.CARÊMEと地図の中央に名前がある

個人コレクション：フレデリック・チバ

カーレム通り 落成・開通の祝賀会のメニュー

待望のアントナン・カーレム通りが誕生し、
祝賀の会食パーティーが催された。
偉大な料理人の思い出を紹介するとともに、
カーレム通り誕生の喜びを、こう詩に託している。

偉大なる師、カーレム、
私たちは、あなたの名前を冠した通りをやっともつことができた。
このパリの街に、あなたの思い出をとどめることができる。

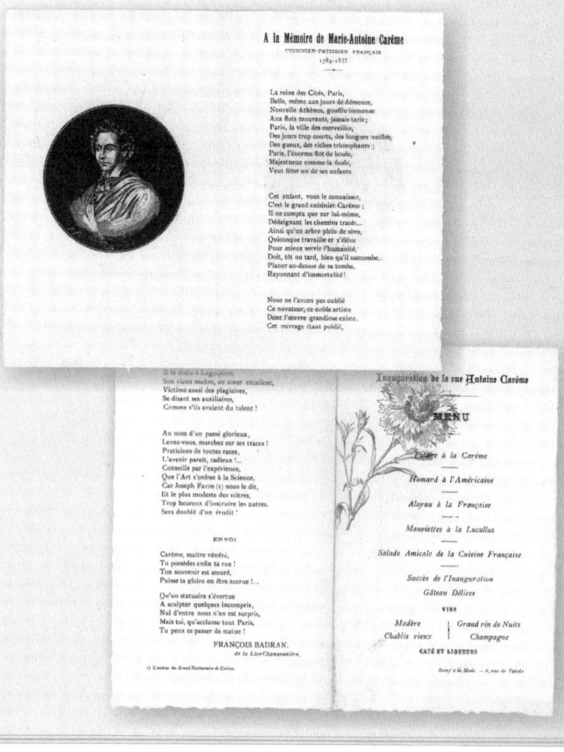

A la Mémoire de Marie-Antoine Carême

CUISINIER-PATISSIER FRANÇAIS

1784-1833

La reine des Cités, Paris,
Belle, même aux jours de démence,
Nouvelle Athènes, gouffre immense
Aux flots mouvants, jamais taris ;
Paris, la ville des merveilles,
Des jours trop courts, des longues veilles,
Des gueux, des riches triomphants ;
Paris, l'énorme flot de houle,
Majestueux comme la foule,
Veut fêter un de ses enfants.

Cet enfant, vous le connaissez,
C'est le grand cuisinier Carême ;
Il ne compta que sur lui-même,
Dédaignant les chemins tracés...
Ainsi qu'un arbre plein de sève,
Quiconque travaille et s'élève
Pour mieux servir l'humanité,
Doit, tôt ou tard, bien qu'il succombe,
Planer au-dessus de sa tombe,
Rayonnant d'immortalité !

Nous ne l'avons pas oublié
Ce novateur, ce noble artiste
Dont l'œuvre grandiose existe,
Cet ouvrage étant publié,

Il le dédie à Laguipière,
Son vieux maître, un cœur excellent,
Victime aussi des plagiaires,
Se disant ses auxiliaires,
Comme s'ils avaient du talent !

Au nom d'un passé glorieux,
Levez-vous, marchez sur ses traces !
Praticiens de toutes races,
L'avenir paraît, radieux !...
Conseillé par l'expérience,
Que l'Art s'unisse à la Science,
Car Joseph Favre (1) nous le dit,
Et le plus modeste des nôtres,
Trop heureux d'instruire les autres,
Sera doublé d'un érudit !

ENVOI

Carême, maître vénéré,
Tu possèdes enfin ta rue !
Ton souvenir est assuré,
Puisse ta gloire en être accrue !...

Qu'un statuaire s'évertue
A sculpter quelques incompris,
Nul d'entre nous n'en est surpris,
Mais toi, qu'acclame tout Paris,
Tu peux te passer de statue !

FRANÇOIS BADRAN.
de la Lice Chansonnière.

(1) L'auteur du *Grand Dictionnaire de Cuisine.*

Inauguration de la rue Antoine Carême

MENU

Potage à la Carême

Homard à l'Américaine

Aloyau à la Française

Mauviettes à la Lucullus

Salade Amicale de la Cuisine Française

Succès de l'Inauguration
Gâteau Délices

VINS

Madère | *Grand vin de Nuits*
Chablis vieux | *Champagne*

CAFÉ ET LIQUEURS

Bœuf à la Mode. — 8, rue de Valois

Inauguration de la rue Antoine Carême

MENU

Potage à la Carême

Homard à l'Américaine

Aloyau à la Française

Mauviettes à la Lucullus

Salade Amicale de la Cuisine Française

Succès de l'Inauguration

Gâteau Délices

VINS

Madère	*Grand vin de Nuits*
Chablis vieux	*Champagne*

CAFÉ ET LIQUEURS

Bœuf à la Mode. — 8, rue de Valois

メニューには「アントナン・カーレム通りの落成・開通式」と記されている。「カーレムのポタージュ Potage à la Carême」のほか、「アメリカ風の尾長エビ」「牛の腰肉のフランス風」「フランス料理友好のサラダ」などの料理が並ぶ

個人コレクション：ジェラール・デュポン

カーレムをめぐる二人の女性

料理芸術の探求に自らの人生の炎を燃やしたカーレムは、多くのレシピを残しましたが、自身のプライベートについては、ほとんど語っていません。

また、彼が家族に出した手紙の数々も、娘のマリアがすべて破棄してしまったので、料理の世界を離れたカーレムの姿をとどめるものは、何も残っていません。

ただ一つ、父親であるカーレムの素顔を残した手紙があります。カーレムが弟子のジェイ（Jay）に宛てたものです。ジェイは、晩年にカーレムが訪ねたルアンでレストランを経営する若きシェフでした。

手紙には、娘の将来、結婚を心配する父親の姿がありました。カーレムはジェイに娘との結婚、そして自分が執筆の途中で亡くなった時には『19世紀のフランス料理の芸術』を完成させてほしいとの思いを必死に綴っています。

「私は、この前に君と会ってからずっと、君と愛しい娘マリアのこと、私たち三人の未来のことだけをずっと考えている。……あの時に話をした重要な問題について、君の決心を聞かせてくれてもいいのではないか……。私の心にただあるのは、父親として娘の幸せを願う気持ちだ。残酷な病に冒された父親のせめてもの願いだ……」

しかし、カーレムの願いは、かないませんでした。マリアが結婚するのは、父親の死から４年後です。相手もジェイではなく、大学で美文学を教えるジャン・ランスロワ（Jean Lanceroy）という男性でした。

カーレム亡き後のマリアは、弟子たちとの交流もほとんどなかったようです。カーレムが残した莫大な資産の継承も拒んでいます。さらに、ロシアの皇帝アレクサンドル1世やイギリスのジョージ4世などから自宅に届いた手紙もすべて破棄していることを考えると、父親に対し複雑な思いがあったのでしょう。

カーレムが娘の将来とともにジョイに託そうとした『19世紀のフランス料理の芸術』は、カーレムが亡くなった年に第1巻が出版されます。

19世紀に栄えたフランス料理の全貌を後世に残したい——。カーレムが抱き続けた夢を出版社から託されたのは、弟子の一人、プリュメレ（Plumerey）でした。プリュメレもカーレムと同じように美食家のタレイランのもとで働いたことがあります。フランス駐在のロシア大使パーレン（Pahlen）伯爵の料理長などを務めた人物です。

カーレムの残した厖大なメモを手がかりに原稿を起こし、最後の5巻が出版されたのは1847年。前菜、肉、魚、デザートなど、フランス料理の全貌をくまなく紹介した大著（全5巻）が完成しました。

自身のプライバシーについては、ほとんど明かさなかったカーレムですが、その一端を私たちが知ることになるのは、彼の死から60年を経てからです。墓守を失ったカーレムの墓は、長い間、どこにあるかがわからないままになっていました。

偉大な料理人の志を継承したい──。心あるパティシエたちによってカーレムの墓が見つかるのは19世紀の終わりでした。墓は荒れ果てて、墓石も無残な状況だったようで、有志たちによって墓の修復が行われました。その時にカーレムといっしょに埋葬されていた女性の名前が、初めて明かされたのです。

カーレムは、1808年10月18日、25歳の時に1歳年下のアンリエット・ソフィイ・マイ・ド・シトネ（Henriette Sophie Mahy de Chitenay）と結婚しています。しかし、墓苑の記録にあった名前はアンリエット・ソフィイではなく、1839年に亡くなったアガット・ギシャルデ（Agathe Guichardet）という女性だったのです。

カーレムの戸籍には、離婚も再婚の記録もありません。だからといってアガット・ギシャルデが愛人だったかというと、そうとは言い切れません。当時のフランスの法律では、離婚が認められるケースがあまりにも厳しいため、戸籍をそのままにして、新しい恋人と家庭を築く人が多かったのです。

当時のパリの出生記録がそのことを物語っています。1817年にパリで生まれた約2万5000人の子どものうち、約1万人が婚姻外の男女の間に生まれたものでした。おそらくカーレムもアンリエット・ソフィイと結婚はしたものの、その生活は長くは続かず、アガット・ギシャルデとの間にマリアが生まれ、家族ができたのでしょう。

二人の生活がどんなものであったのかは、アガットの存在が彼女の死から50年以上もたって知らされたぐらいですから、知る術が何もありません。墓地にいっしょに眠っていたことを考えると、カーレムの晩年までいっしょに過ごしたと思われます。

一方、アンリエット・ソフィイは、カーレムの死後、アントワン・ミシェル・ギュイエ（Antoine- Michel Guyet）という男性と再婚し、1852年11月25日に亡くなったと戸籍には残っています。ちなみに再婚相手のアントワン・ミシェル・ギュイエは、なんとカーレムがアンリエット・ソフィイと結婚した時の証人の一人でした。

20代後半のカーレムは、料理芸術を求めて仕事に没頭し、家庭を顧みるゆとりもなかったのでしょう。それもまた、カーレムの生き方でした。いずれにしてもアンリエット・ソフィイは、70歳前後まで長生きしたことを考えると、新しいパートナーと幸せに暮らしたようです。

カーレムの墓は、モンマルトル墓地（パリ18区）にあります。この墓地には、作家のスタンダール（Stendhal 1783～1842）、印象派画家のドガ（Degas 1834～1917）をはじめ、第二次世界大戦後のパリで活躍したシャンソン歌手のダリダ（Dalida 1933～1987）など、フランスの歴史に名を残した多くの人々が眠ります。

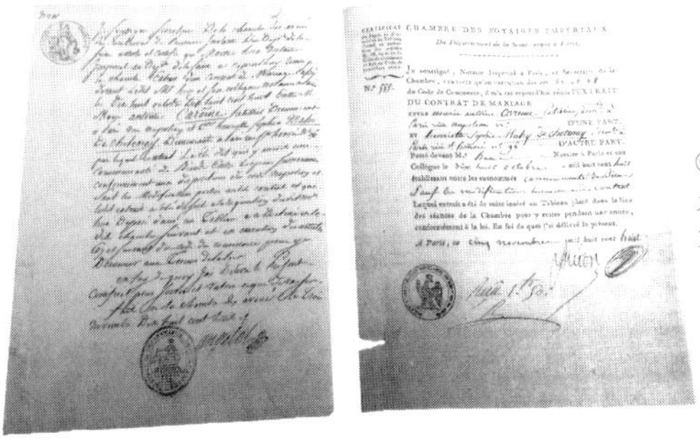

CHAMBRE DES NOTAIRES IMPERIAUX

DU CONTRAT DE MARIAGE

D'UNE PART

D'AUTRE PART

Lequel extrait a été de suite inséré au Tableau placé dans la salle des séances de la Chambre pour y rester pendant une année, conformément à la loi. En foi de quoi j'ai délivré le présent.

◉
カーレムとアンリエット・ソフィイの結婚証明書

個人コレクション：ジェラール・デュポン

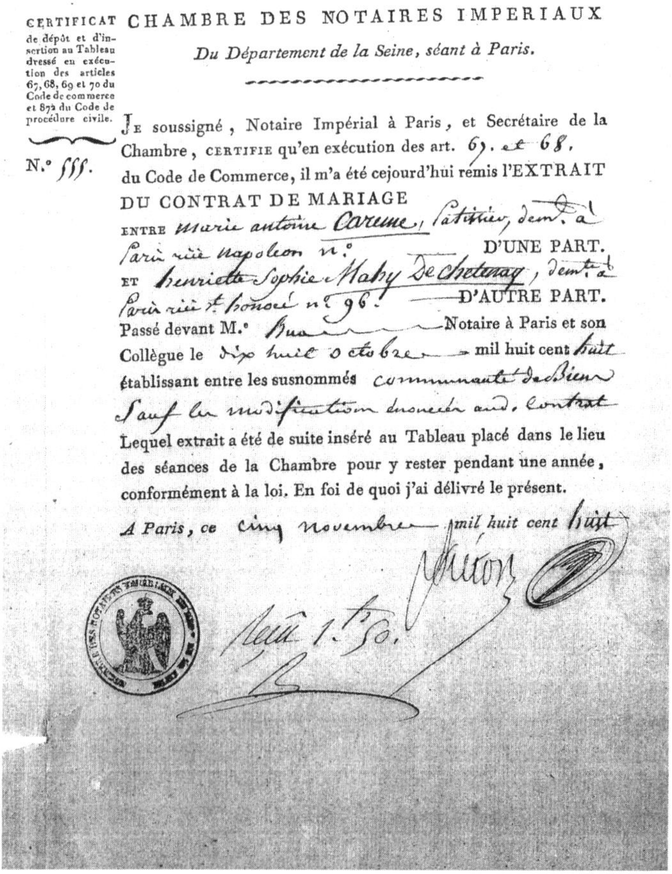

CERTIFICAT de dépôt et d'insertion au Tableau dressé en exécution des articles 67, 68, 69 et 70 du Code de commerce et 872 du Code de procédure civile.

N.° 555.

CHAMBRE DES NOTAIRES IMPERIAUX

Du Département de la Seine, séant à Paris.

Je soussigné, Notaire Impérial à Paris, et Secrétaire de la Chambre, certifie qu'en exécution des art. 67. et 68. du Code de Commerce, il m'a été cejourd'hui remis l'EXTRAIT DU CONTRAT DE MARIAGE

ENTRE marie antoine Careme, Patissier, dem.t à Paris rue napoleon n.° D'UNE PART.

ET henriette Sophie Mahy De chetenay, dem.te à Paris rue st honoré n.° 96. D'AUTRE PART.

Passé devant M.e Bua Notaire à Paris et son Collègue le dix huit octobre mil huit cent huit établissant entre les susnommés communauté de Biens Sauf les modifications énoncées aud. contrat

Lequel extrait a été de suite inséré au Tableau placé dans le lieu des séances de la Chambre pour y rester pendant une année, conformément à la loi. En foi de quoi j'ai délivré le présent.

A Paris, ce cinq novembre *mil huit cent* huit

Reçu 1 f. 50.

◉

カーレムとアンリエット・ソフィイのサインがある。左下は公証人の判

個人コレクション：ジェラール・デュポン

カーレムの墓は、モンマルトル墓地内のChemin Artois, 20e Division, 2e ligneにある。ちょうど列の7番目。隣には作曲家のベルリオーズ（Berlioz 1803~1869）が葬られている

◉

著作を通してカーレムの人柄を偲ぶ

自身については、多くを語らなかったカーレムですが、著作のなかには、彼の生き方や人間性がいたるところで感じられます。カーレムの著作を紹介するとともに、その一端を紹介しましょう。

●「パリの王家にふさわしいパティシエ／Le Pâtissier royal parisien」1815年

カーレムの最初の本で、タイトルにある通りお菓子やデザートのレシピが紹介されています。カーレム自身が改良を加えたもの、創作したものをふんだんに紹介し、プロのパティシエのレベル向上を目指したものです。

レシピのなかには、マドレーヌやババロア、アイスクリーム、ブラマンジェ、クレーム・シャンティなど、日本でも馴染みのお菓子も少なくありません。また随所にカーレムが描いたイラストが添えられています。

この本が出版された時、カーレムの名声はフランスのみならず、ヨーロッパの王侯貴族にも届いていました。本の内容もさることながら、私が驚きを隠せなかったのは、献辞を贈った相手が、タレイランのもとで料理総監督をしていたブーシェだったことです。バイイの店で働いていた一人のトウリエの才能を最初に見つけ、チャンスをくれた人物です。

「12年前から私はあなたの庇護のもと、外務大臣（タレイラン）が大使を歓迎する豪華な晩餐会でいっしょに仕事をさせていただいた。そのなかで私は、料理芸術とは何かを模索し、多くのことを学んだ」

今日までの自分を築いた原点は、ブーシェとの出会いなくしてはなかった。そんな感謝の思いが行間からは伝わってきます。

また、この本には多くの料理名が単語帳のように書かれているページがあります。カーレムが生きた時代、料理人の多くは貧しい階級の人が少なくなかったようです。少年時代のカーレム自身がそうであったように、文字を読むことも、書くこともおぼつかない見習いが多かったのでしょう。

カーレムは「料理の腕があっても、メニューもろくに書けなければ雇い主から信頼を得ることはできない」と、折に触れ語っていました。本に記載された料理名は、読み書きを学ぶチャンスがなかった駆け出しの料理人に、メニューを覚えながら綴りの勉強ができるようにと用意されたものでもあったようです。そんなところに人一倍苦労したカーレムの優しさを感じるのは、私一人ではないでしょう。

●「**趣のあるパテイシエ／** Le Pâtissier pittoresque」1815年

カーレムは同じ年にもう1冊を上梓しています。こちらの本では、お菓子のなかでも、レセプションを彩る豪華なピエス・モンテを取り上げ、料理芸術が果たす大事な役割について言及しています。自身が創った多くのピエス・モンテを精緻なイラストをまじえ紹介。カーレムが料理の世界に新しいページを開いた足跡を見ることができます。

●「フランスのメートル・ドオテル／ Le Maître d'hôtel français」 1822年

タイトルにある「メートル・ドオテル」とは、王や貴族の館で食事の準備をする総責任者をさします。この本は、献立をテーマにしています。旬の季節の野菜を使って、いろいろな料理を楽しむ。献立の構成や工夫などを満載しています。

かつてカーレムはロワール地方のヴァランセで、タレイランから「365日まったく違う献立で食卓を飾れ」との命題に挑んだ日々がありました。その貴重な経験が、執筆のきっかけにもなっているのでしょう。「同じものは二度食べたくない」という、口うるさい美食家をどう満足させるか、随所にそのヒントが紹介されています。

カーレムが選んだ「365日の献立」のなかには、彼自身がイギリスやオーストリア、ロシアなどで見聞してきた料理や新たに作った料理もふんだんに紹介されています。

●「パリの料理人／ Le Cuisinier Parisien」1828年

料理とお菓子、双方のレシピを広く紹介した本です。

先に紹介したように、この本はロシア遠征で凍死したラ・ギピエールに捧げたものです。献辞からは、多くの先達が伝えてきたフランス料理の伝統を自身が受け継ぎ、発展させていくとの強い決意が感じられます。

●「19世紀のフランス料理の芸術／ L'art de la cuisine Française au 19e siècle」全5巻　1833年～1847年

◉
カーレムが描いた料理人の服装。頭巾のような帽子では料理人の覇気が感じられないと、新しいスタイル（右）を考案したとも言われている

Le
CUISINIER PARISIEN
ou
L'Art de la Cuisine
FRANÇAISE
AU XIXe SIECLE
PAR Antonin CARÊME DE PARIS.
Deuxieme Edition.
A PARIS
CHEZ L'AUTEUR, RUE NEUVE St ROCH, No 41.
Robert
Daniel
Legagneur
Boucher
Lasne
Riquette
Normandie
Périgord
Provence
Champagne
Bourgogne
Bordeaux
NORMAND FILS SC.

◉
1828年に出版された『パリの料理人』の表題扉

カーレムは、過去の宮廷料理をより洗練させるとともに、その一方で多くの人々がその美味しさを味わうことのできるレシピを創作してきました。そうしたカーレムの人生がそのまま投影された大著です。

本のなかでカーレムは、膨大な数のレシピを紹介するとともに、フランス料理の全体像を体系立てて紹介しています。フランス料理が今日、世界で冠たる地位を築く、まさに原点となった本です。

カーレムは、ここで名前をあげた5冊以外にも「**サンクトペテルブルグの美化のための建築計画／** Projets d'architecture pour l'embellissement de Saint Petersbourg」を1821年に、「**パリの美化のための建築計画／** Projets d'architecture pour l'embellissement de Paris」を1826年に出版しています。

「建築こそ、最初に誕生した芸術である」と常に語っていたカーレムは、旅先でも古都の街並を歩き、素晴らしい建築に出逢うと、時を忘れて見入っていました。2冊は、ロシアのサンクトペテルブルグ、そしてパリの街でカーレムが心を奪われた建築や装飾品などをイラストをまじえ紹介しています。

ところでパリに深い愛着を抱いていたカーレムは、自身のサインに「Carême de Paris　カーレム・ド・パリ」と記していました。

フランス語を少しでもかじったことのある人はご存知かと思いますが、前置詞の「de」には「〜について」「〜の」といった意味があります。カーレムは常に「パリのカーレム」と名乗り、パリの街をこよなく愛していました。

「de」はまた貴族の称号としても使われます。「ド・シャトーブリアン De Chateaubriand」、「ド・ゴール De Gaulle」などのように。

カーレムの両親は貧しく、貴族とは無縁です。彼自身も貴族の称号を王や皇帝から授かった記録はありません。つまりカーレムは、自らの意志で「Carême de Paris」と名乗っていたのです。そこに私は、カーレムの誇りをむしろ感じずにはいられません。

「私は文化の中心地パリに生まれた。努力に努力を重ね、自らの力で料理芸術の都であるこの都市で、一番の料理人になった」

「Carême de Paris」の「de」には、そうした深い意味も込められていたと思われます。

◉

パリを心から愛したカーレムは、自身のサインを
「Crême de Paris パリのカーレム」と記した

時代の先駆者の夢は、料理学校

一つひとつの技術を多くの先達から学んだカーレムは、一人でも多くの料理人にそれらを伝えるために本を残しました。カーレムのレシピを読むと、時にそこまでと思うほど、詳しい調理手順などが書かれています。

その背景には、当時の見習い職人の厳しい現実がありました。今でこそ、料理人を目指す若者は、料理学校に学ぶなどさまざまな選択肢がありますが、当時は違います。その道の親方から学ぶしかありません。

しかし、親方のなかには「技は見て盗むものだ」と言って、見習いを安い労働力としか見ない輩もいました。それでは若い才能は伸びません。料理芸術そのものの向上も見込めません。

自身が直接教えることのできない料理人にもわかるようにと書かれたカーレムのレシピのなかには、それこそ気温や湿度にまで言及したくだりもあります。料理のなかには、火加減や湯煎の時間が微妙に違っただけで、触感がまったく異なってしまうケースが少なくありません。カーレムは、そうした事柄の一つひとつにまでアドバイスをしています。

そんなカーレムには、何年も前から温めていた大きな夢がありました。それは、料理学校の設立です。1830年2月7日の新聞「ジューナル・ド・パリ」には、次のような記事があります。

「偉大なカーレム——その評判は誰もが知っているようにヨーロッパ中に広まっている。彼は、大きな進歩を遂げた料理芸術の理論と実技の両方を教える学校をアミアン（Amiens　パリの北にあるピカルディー地方の中心都市）に開設する」

この記事で紹介された学校は、残念ながら実現はかないませんでした。

それにしても、カーレムはいつから料理学校という大きな構想を抱いていたのか。それを知る手がかりがカーレムの後継者の一人、ユルバン・デュボワ（Urbain Dubois 1818～1901）が料理人のアルマン（Armand）に宛てた手紙のなかにあります。

「私たちの師であるカーレムは、1825年、パリに料理学校を創立することを考えた。残念ながらこの計画は、他の多くのアイデアとともに断念することになってしまった」

二人の生まれた年代から推測して、デュボワもアルマンも、カーレムから料理の手ほどきを直接受けたことはなかったものと思われます。しかし、カーレムの教えはさまざまな形で見聞し、ともに師と仰いでいました。

ユルバン・デュボワは、カーレムが料理長を辞退したあとで、ロチルド家の厨房に入っています。カーレムから直に学んだ多くの料理人のもとで働き、後にロシアの貴族オルロフ公の料理人、プロシアのウィルヘルム（Wilhelm）1世の料理長を務めあげています。

一方のアルマンは、彼の父親グスターヴ・ワイントローブ（Gustave Wayntraub）がカーレムといっしょに仕事をしたことがあり、折に触れカーレムの話を聞いていたのでしょう。ちなみに、グスターヴ・ワイントローブの曽孫にあたるセンデール（Sender 1930～2009）は、オランダ、デンマーク、スウェーデン、イギリス、日本などの王室のためにピエス・モンテを創ったことで有名なパティシエです。

さて、カーレムが描いた壮大な夢は、実現には約1世紀の時間を待たねばなりませんでした。1919年、フランスでは世界に先駆けて技術を習得する公的な専門教育制度が誕生します。これを受けて翌年、パリにパティスリーの学校「ジョルジュ・フェランディ Georges Ferrandi」が創立されます。

さらに1943年には、「Certificat d'aptitude professionnelle」の頭文字をとったCAP（職業適性資格）制度ができます。フランスでは、料理や製菓の世界で仕事をしたいと希望する人たちは、論理と実技の試験を受けます。これに合格してはじめて「適性資格」が認められ、本格的な修業がスタートするのです。

ちなみに、フランス料理の専門学校として有名なル・コルドン・ブルー（Le Cordon Bleu）は、1895年にパリで産声をあげました。当初は花嫁修業を兼ねた料理学校の趣が強かったようです。

いずれにしてもカーレムの考えが、いかに時代の先をいく独創的なものであったかがわかります。カーレムが亡くなって約200年。彼が描いた夢は、今、世界各地で花開いています。フランスから遠く離れた日本でも、多くのフランス料理の学校が生まれ、フランス料理や菓子を学ぶ若者たちが育っているのですから——。

カーレムを継ぐ二人の弟子

カーレムの直弟子

ジュール・グフェ　Jules Gouffé (1807-1877)

19世紀の偉大なパティシエの一人と言われるジュール・グフェは、その才能をカーレムによって見いだされた。グフェの父親は、ロンバール通り（Rue des Lombards　パリ1区、地下鉄のシャトレ駅近く）でパティスリーを営んでいた。

ある日のこと、カーレムは店のショーウインドに飾られた見事なピエス・モンテと砂糖細工に目を奪われる。店に入り、2つの作品を作ったのが誰かを尋ねると、16歳の青年、ジュール・グフェだった。これがきっかけとなり、グフェはカーレムに直に学びながら技術を磨いていく。

グフェは1846年からフォブール・サントノレ通り（Faubourg Saint Honoré　パリ8区）に自分のパティスリーを構え評判になるが、リュウマチを発症し10年ほどで店を閉める。一時は厨房を離れたグフェだが、彼の料理を愛する長年の友人たちに勧められて、ジョッキークラブの料理長として活躍する。

ピエス・モンテでカーレムに見いだされたグフェがとりわけ得意としたのが、装飾だ。彼の著作は、その図版を見ているだけでも楽しい。

『料理の本／Le Livre de cuisine』、『パティスリーの本／ Le Livre de pâtisserie』などの著作を残し、カーレムの精神を後世に伝えた。

カーレムを継承し、近代へとつなぐ

ユルバン・デュボワ　Urbain Dubois (1818-1901)

カレームが集大成したフランス料理を受け継ぎながら、その近代化に貢献した。カーレムが料理長をつとめたロチルド家で修業をスタート。「カフェ・アングレ」「トルトーニ」などのパリの一流レストランで働いたのち、ロシアの貴族オルロフ公の料理人、プロシア国王ウィルヘルム１世の宮廷で料理長を務めるなど海外で活躍する。

デュボワの大きな功績の一つが、サービスの改革だ。それまでの「フランス式サービス」の欠点を指摘し、それぞれの料理を一皿ずつ順番に出していく「ロシア式サービス」の利点を訴求。今日に伝わるフランス料理のサービスは、デュボワによって広まったと言っていい。

カーレムは、自身が活躍した時代にもよることだが、ロシア式サービスは華やかさに欠けると、フランス式サービスにこだわり続けた。しかし、製菓についていえば、華やかな装飾はロシア式サービスのもとで頂点を極めていく。

最後にデュボワのもう一つの功績は、近代フランス料理の礎を築いたとされるオーギュスト・エスコフィエ（Auguste Escoffier 1846～1935）を弟子としたことだ。カーレムが改良、創造した料理の中から無駄を省き、現代に即したフランス料理を構築。エスコフィエの偉大な業績も、カーレムが残した多くのレシピや研究の上に成り立っているのである。

カーレムの箴言

カーレムは自身の生命を削る思いで膨大なレシピをまとめ、後世の私たちに残しました。彼の最後の著作となった『19世紀のフランス料理の芸術』の第2巻には、その冒頭に「著者の格言・思想・箴言」という章を設けています。

カーレムは、この章のために26ページを割き、100を超える言葉を残しています。そこには、レシピとともにカーレムが後世の人々に受け継いでいってほしいと願った思いが詰まっています。誇り高きカーレムの生きざま、思想を伝える箴言の幾つかを紹介します。

「フランスは食事接待役の母国である。この国の料理とワインは、美食を凱旋させている。フランス人は、美食のためには努力を惜しまない、強い関心を抱いた国民である」

冒頭を飾る最初の箴言です。フランス料理へのカーレムの自信、誇りを感じます。そして、この言葉の通り、フランス料理はカーレムの時代から約200年を経た今日も、その輝きを世界に放っています。

2010年、ユネスコがフランス料理における美食の習慣を、「人類の無形文化財」として認定したことも、フランスの食文化が特に豊かであることを示しているといっていいでしょう。

私自身もパリを離れ、イギリス、ドイツ、スペインなどを旅行するたびに実感するのは、フランスの豊かな味です。

「料理人は、仕事に無関心になった瞬間から、それまでの良い評判を失ってしまう」

「料理人は、良い仕事をしようという不変の一貫性によって名声を獲得する」

「評判にならない料理人は、無頓着《むとんちゃく》であるか、怠け者であるかの、どちらかである」

「自分の職を譲ってくれた同業の仲間に対して、持ちつ持たれつで、感謝できない者は、卑怯《ひきょう》で軽蔑《けいべつ》すべき奴だ」

「率直で謙虚な人間は、常に主人に引き立てられるものだ」

カーレムがいかに努力の人であったかを、感じさせる言葉です。深い真実を含んだ言葉だと思います。いずれの分野でも、評判になる人物は、「良い仕事を成し遂げよう」と、諦めずに人の何倍もの努力をし続けています。

最後の二つの言葉からは、カーレムが感謝の人であったことがわかります。と同時にカーレム自身も多くの人に裏切られる、いわれなき非難を浴びてきたのでしょう。恩知らずの生き方に、「卑怯で軽蔑すべき奴だ」と、強く批判しています。

「裕福な人間で、友人に食事を振舞うことが出来ない者は、財産の有益な使い方を知らない」

カーレムのお金に対する考えが、よくわかります。財産それ自体は、そのままでは価値を生まない。大切なのは、いかに財産を使い価値を創造するかです。この箴言は、人のためにお金を使えない財産家に対する痛烈な批判と見ることができます。

「裕福な人間が美味しいものを食べたいなら、お抱えの料理人を信頼し励ますべきだ、そうでないなら、料理人の才能を麻痺させてしまう」

才能は信頼のもとで伸びる、発揮される。当たり前のことですが、その大切さをともすると多くの人が忘れがちです。カーレムの才能は、彼の努力によるものも大きかったと思いますが、カーレムを信頼し任せてくれた多くの人々によってもたらされたと言える部分も少なくないでしょう。

「裕福な人間が、自分の館に、すべての使用人を住ませることができないなら、館の外に泊まる者には、手当を与えなくてはいけない」
「裕福な人間は、自分の使用人の中に、老いたことから、あるいは病気で、仕方なく館を去ることになった者を助けなくてはいけない」

カーレムの関心は、料理の世界に留まりません。自身がさまざまな苦労をしてきたからこそ、安心して過ごせる住まい、老いや病への不安についても気遣いができるのでしょう。

カーレムは、貧富の差が大きかった時代を生きました。今のような社会保障制度もありません。華やかな世界で活躍したカーレムですが、その眼差しは温かく、常に弱い立場の人に向けられていました。

「高貴な人たちの中で活躍した料理人は、彼らの医者といっていいだろう。一部の医者は、ペテン師的言動で、自分たちの知識を信用させ、彼らを影響下におこうとする。こうした態度に対し、真に優れた料理人は憤慨する。高貴な人たちが規則正しい生活をし、優れた料理人を雇うなら、彼らは寿命を延ばすだろう」

「科学を愛することから医学を志した寛大な医師は、病をたちどころに治し、人々を健康な状態に戻す。まさに彼は人々にとって恩人である。その人の名は、人から人へと伝わり、多くの人に讃えられ、歴史に名をとどめるだろう。彼の著作は、その良心のように純粋であり、未来を生きる人たちからも称賛されるはずだ。そうだ、そのような人は、まさに地上に現れた神である」

健康と生活習慣、食生活は密接な関係がある。そのことを、この時代にはっきりとカーレムが主張していることに驚きます。

当時の医学は、予防の知識がなく、治療に偏っていました。その状況を悪用し、利益を得ることしか考えない医者も少なくなかったのでしょう。「ペテン師」と厳しく糾弾しています。

また、真の料理人は、人々の健康をより良い状態に保つ医師であるとも断言しています。そこまでカーレムが言い切れるのは、それ相応の勉強を人が見ていないところで実践をしてきたからです。

実際、カーレムは、健康や医学、科学などについても、関心を持っていました。カーレムがイギリス滞在中、皇太子の健康状態が改善されたことも、決して偶然ではなかったと思います。カーレムの目指していた料理は、美食だけではありません。美味しく、健康にも良いものでした。

立場や権威などを利用して金儲けをする、腐敗した医者には容赦がないカーレムですが、優れた医者に対しては、称賛の言葉を惜しみません。「地上の神」とまで讃えています。

カーレムの人間観は、はっきりしています。身分、職業、その人がどれだけの富を持っているかでは、決して人を判断しません。その人が何をしたか、行動にこそ人間の価値をおいています。

【年譜】フランス料理の変遷とカーレムが生きた時代

15世紀末～16世紀　大航海時代
コロンブスによって、南米産のジャガイモ、トウモロコシなどがヨーロッパに伝わる。またヴァスコ・ダ・ガマが胡椒、シナモン、ナツメグなどの香辛料を伝える。

1533年　フィレンツェの大富豪メディチ家のカトリーヌ姫がフランソワ1世の次男（後のアンリ2世）と結婚。輿入れの際に、カトリーヌは腕利きの料理人を連れてきた。アイスクリーム、シャーベット、マカロンなどが伝わる。またナイフ、フォーク、陶器類もこの時にフランスに持ち込まれる。

結婚式の模様

1547年　アンリ2世即位

アンリ3世によって、宮廷内でフォークが使われはじめる。

1589年　アンリ4世即位　ブルボン王朝のはじまり
フランスの社交界では、恋人にボンボンをプレゼントする習慣があるが、はじまりはアンリ4世から。彼は貴婦人たちの心を射止めるために常にポケットにボンボンを持ち歩いていた。

1610年　ルイ13世即位

1615年　スペイン王フィリップス3世の娘とルイ13世が結婚。この時にスペインからチョコレートが伝わる。

ルイ13世主催の饗宴。当時の給仕は軍隊をモデルに組織されていた

1643年 ルイ14世即位

1651年 ラ・ヴァレンヌ著『フランスの料理人』

1671年 コンデ公のシャンティユィ城で、料理人ヴァテルが自殺。

1682年 ヴェルサイユが王都になる。王の権威を国内外に示すため、豪華な祝宴が開かれる。絢爛豪華なフランス式サービスが興隆する。フランスがヨーロッパ文化の中心となる。

ルイ14世

「朕は国家なり」の言葉で有名なルイ14世は、大食漢だった。彼のもとで料理技術が進歩する。
この時代、料理そのものが貴族の嗜みの一つになる。貴族たちは、腕利きの料理人を雇い、美食を競う。料理に貴族や著名人の名前、地名などをつけることが流行する。

パリ市役所で行われたルイ14世の晩餐

1686年 パリ最古のカフェ「ル・プロコープ」が創業する。

1765年 栄養価の高いブイヨンを売る店、レストランが誕生する。

1769年 コルシカ島でナポレオンが生まれる。

1770年 ハプスブルク家の娘マリー・アントワネットがルイ16世と結婚。ウィーンのキュッフェル（三日月パン）をパリに伝え、クロワッサンとなる。

1776年 職域を厳しく規制した同業組合制度が廃止。誰もが自由に料理を作り、販売することが許される。

1782年 今日のレストランが、ボーヴィリエによって誕生する。

1783年 アントナン・カーレムが生まれる

革命前のパリの街には約700軒のカフェがあった。

1789年 バスティーユ監獄襲撃、フランス革命が起こる。
王侯貴族に仕えていた料理人らがレストランを開く。

1792年 王政が廃止、共和制へ

この頃、父親から捨てられる

1793年 ルイ16世、マリー・アントワネットが処刑される。
ロベスピエールによる恐怖政治がはじまる。
イギリスからトゥロンを奪回、「トゥロンの英雄」としてナポレオンの名が広まる。

1794年 ロベスピエールが処刑される。

1795年　ナポレオンがパリの反乱を鎮圧、国内軍最高司令官に。

1796年　ナポレオン、ジョゼフィーヌと結婚。イタリア遠征に出発。

1798年　5月、ナポレオン、エジプト遠征に出発。

カーレム、バイイのパティスリーで修業をはじめる

1799年　10月、ナポレオンがエジプトから脱出しパリへ戻る。
11月、ブリューメル18日のクーデターで権力を掌握する。

1801年　「ジャンドロンの後継者」のシェフへ

1803年　グリモ・ド・ラ・レニエール著『食通年鑑』

1804年　ナポレオンが皇帝に即位

ニコラ・アペールが煮沸による食品の保存方法を発明する。

タレイラン邸の厨房で働きはじめる
パティスリー「カーレム」をオープン

ナポレオン帝政下の砂糖菓子店

19世紀前半　フランスで独自の発展を遂げる「ガストロノミー（美食学）」が誕生する。

1808年　アンリエット・ソフィイ・マイ・ド・シトネと結婚

1810年　クラーキン公爵によってロシア式サービスが行われる。

1812年　ロシア遠征が大敗北に終わる。

1814年　ナポレオン、皇帝を退位。代わってルイ18世が統治をする。

ウィーン会議が開かれ、カーレムの名前がヨーロッパの王侯貴族にも広まる

1815年　ナポレオンの「百日天下」

ヴェルテュ平原で開かれた大宴会の料理長を務める
カーレム著『パリの王家にふさわしいパティシエ』『趣のあるパティシエ』

『パリの王家にふさわしいパティシエ』の表題扉

1816年		イギリスの皇太子（後のジョージ4世）の料理長に
1818年		ウィーン駐在のスチュワート公の料理長に
1821年	セントヘレナ島でナポレオンが死去。	
1822年		カーレム著『フランスのメートル・ドオテル』
1825年	A. ブリヤ・サヴァラン著『味覚の生理学』	

『味覚の生理学』の表題扉

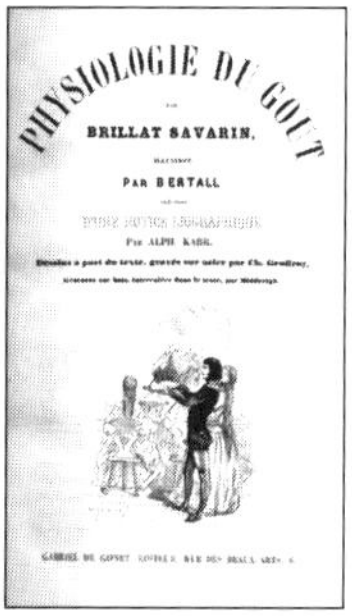

「新しいご馳走の発見は、人類の幸福にとって天体の発見以上のものである」

1826年		ジェームズ・ロチルド家の料理長に
1828年		カーレム著『パリの料理人』
1830年		ジェームズ・ロチルド家を去る
	パリの街のレストランが3000軒を超える。 7月革命が起きる、ルイ・フィリップが即位。	

1833年　パリの自宅で亡くなる
遺作となる『19世紀のフランス料理の芸術』が出版される

『19世紀のフランス料理の芸術』の表題扉。カーレムは本の完成を見ることはなかった

1848年　2月革命が起きる、ルイ・ナポレオンが大統領に選ばれる。

デュボワがロシア式サービスを広める。

1855年　第1回パリ万博が開かれる。多くの人々がパリのレストランを堪能する。

1900年　第5回パリ万国博が開かれる。
タイヤ会社のミシュランが「ミシュランガイド」を創刊。
当初は無料で、ホテルやガソリンスタンドを紹介する。

おわりに――未来のパティシエへ

右も左もわからなかった19歳の私がフランスに渡って45年、多くの方々との出会いによって、パリに店を構え、パティシエとして今日までやって来られたことに感謝の思いでいっぱいです。

フランス料理・菓子を職業としてきた私が、フランスに恩返しができることは何だろう。そんな思いが心の奥に芽生えたのは、今から６年前のことでした。

振り返ればその時から、いつかアントナン・カーレムの人生を日本の人々に、パティシエの厳しい修業に励んでいる若者たちに伝えたいと思いはじめていたような気がします。

カーレムの素顔は、彼の多くの手紙や貴重なメモが紛失をしてしまっているため、実像はわからない点が少なくありません。フランスでもカーレムの人生をまとめた書物は幾つかあるのですが、その記述は一様ではありません。

カーレムが残した足跡や書物から、その時々でカーレムがどんな思いで人生を生きてきたのか――。そこは、私が生命に感じたままをこの本のなかでまとめさせていただきました。

カーレムの人生は、最悪ともいえる環境にあっても、常に希望を抱き努力していくならば、人生は必ず開いていけることを私たちに示しているように思わずにはいられません。

まったく問題のない人生などというのは、この世には存在しません。大切なことは、今、抱えている悩みや困難をどう捉えていくかです。

決して負けるものか、絶対に乗り越えてみせる——。そう思えるかどうかで、私たちのなかに潜んでいる力は、いくらでも力を増す。汲めども尽きぬ無限の可能性を開く鍵は、自身の一念にある。

カーレムについて学んできて、私が何よりも実感したのはその一点でした。

本の出版にあたっては、多くの方々に支えていただきました。序言を寄せてくださったフランス料理アカデミー協会のジェラール・デュポン会長には、カーレムの人生、フランス料理に脈々と受け継がれてきた料理人の誇りについても、教えていただきました。

約200年前のカーレムの著作やレシピを読み込むことは、至難の技でした。翻訳に協力してくださった掛川泰治さん、現地の写真を手配くださった福島正子さん、そして鳳書院出版部長の福元和夫さん、編集を担当してくださった小此木律子さんには、厚くお礼申し上げます。

そして誰よりも感謝しなくてはいけないのは、無鉄砲な私を44年間、ずっと支えてきてくれた妻の貞子です。私がやりたいと思ったことに対し、常に賛成してくれ、すべてを明るく受け止めてくれた。彼女の内助の功がなければ、今日の私はありませんでした。本当にありがとう。

最後にカーレムの偉業を多くの人に伝えたい。その思いから日本でもアントナン・カーレム協会を2012年に発足。記念すべきこの本の出版日2013年5月15日より、その活動をスタートさせていただくことを、併せてご報告させていただきます。

千葉好男

出会いから44年の千葉夫妻

パリの中心地にある「アンジェリック」

【主な参考文献】

- Georges Bernier, *Antonin Carême, 1783-1833*, Grasset, Paris 1989
- Louis Rodil, *Antonin Carême de Paris* , Jeanne Laffitte, Paris 1999
- Philippe Alexandre, Béatrix L'Aulnoit, *Le Roi Carême* ,Albin Michel, Paris 2003
- Ian Kelly, *Cooking for kings : the life of the first celebrity chef Antonin Carême*, Short Books Ltd, London 2009
- *L'art culinaire au 19e siècle, Antonin Carême*
  Délégation à l'action artistique de la ville de Paris, 1984
  カーレム生誕200年を機にパリで行われた展覧会のカタログ
- S-G Sender, Marcel Derrien, *La grande histoire de la pâtisserie-confiserie française*, Minerva, Paris 2003
- Jean-Pierre Poulain, Edmond Neirinek, *Histoire de la cuisine et des cuisiniers*, LT Jacques Lanore, Paris 2004
- François Bonneau, *Talleyrand à table*, Badel, 2003
- Emmanuel De Waresquiel, *Talleyrand : Le prince immobile*, Fayard, Paris 2006
- Georges Blond, *Pauline Bonaparte*, Perrin, Paris 2002
- Guy Breton, *Histoire d'amour de l'histoire de France tome 2*, Presse de la cité, coll. Omnibus, Paris 1999
- Antonin Carême, *Le pâtissier royal parisien*, Laffitte, Marseille 1980
- Antonin Carême, *Le cuisinier parisien*, Dioscor, Lyon 1986
- Antonin Carême, *Le pâtissier pittoresque*, Mercure de France, Collection le Petit Mercure, Paris 2003
- Antonin Carême, *L'art de la cuisine française au 19e siècle, 3 tomes*, Adamant Media Corporation, 2004
- Antonin Carême, *Le maître d'hôtel français Vol.1*, Kessinger Publishing, 2010

『デュマの大料理事典』 アレクサンドル・デュマ（編訳：辻静雄　林田遼右　坂東三郎）岩波書店　1993年

『お菓子の歴史』 マグロンヌ・トゥーサン＝サマ（訳：吉田春美）河出書房新社　2005年

『世界の食文化16 フランス』 北山晴一（監修：石毛直道）農山漁村文化協会　2008年

『フランス美食の世界』 鈴木謙一　世界文化社　2006年

『宮廷料理人アントナン・カレーム』 イアン・ケリー（訳：村上彩）ランダムハウス講談社　2005年

『美食の歴史』 アントニー・ローリー（監修：池上俊一　訳:富樫瓔子）創元社　1996年

『ケーキの歴史物語』 ニコラ・ハンブル（訳:堤理華）原書房　2012年

『美食の文化史 ヨーロッパにおける味覚の変遷』 ジャン＝フランソワ・ルヴェル（訳:福永淑子　鈴木晶）筑摩書房　1989年

『プロのためのフランス料理の歴史』 ジャン＝ピエール・プーラン　エドモン・ネランク（訳:山内秀文）学習研究社　2005年

『世界 食事の歴史 先史から現代まで』 ポール・フリードマン（監訳:南直人　山辺規子）東洋書林　2009年

『世界文化シリーズ2 フランス文化55のキーワード』（編著:朝比奈美知子　横山安由美）ミネルヴァ書房　2011年

『美食の社会史』 北山晴一　朝日新聞社　1991年

『フランス料理と批評の歴史 レストランの誕生から現代まで』 八木尚子　中央公論新社　2010年

『フランス料理を築いた人びと』 辻静雄　中公文庫　2004年

『フランス料理の歴史』 マグロンヌ・トゥーサン＝サマ（訳：太田佐絵子）原書房　2011年

『ラベルは語る』 田中清高　永尾敬子　時事通信社　1999年

『フランス料理は進化する』 宇田川悟　文春新書　2002年

『ナポレオン フーシェ タレーラン 情念戦争1789―1815』 鹿島茂　講談社学術文庫　2009年

『食卓の歴史』 スティーブン・メネル（訳:北代美和子）中央公論社　1989年

千葉好男（ちば よしお）

1949年東京生まれ。城北高校卒業の68年、日本一の菓子職人を目指して渡仏。69年、「エルグアルシュ」でパティシエ修業をはじめる。その後、「ミエ」「ホテル・リュテシア」「船のレストラン・イル・ド・フランス」「レストラン・ローラン」などを経て80年6月、サロン・ド・テ兼菓子店「アンジェリック」をパリにオープン。30歳で念願のオーナーシェフになる。その間、フランス菓子のコンクールにも果敢に挑戦。権威ある「シャルル・ブルースト杯コンクール」での金賞をはじめ、銅賞、パリ市杯を受賞。95年には、日本人初の「フランス料理アカデミー」会員となる。

著書に『ぼくは、パリのお菓子屋さん　フランスで花咲かせた日本人の腕前』（中央公論新社）、『千葉好男のフランス菓子〝本物〟の味レシピ』（角川書店）、DVDに『フレデリック・チバと一緒に作る本物のフランス菓子』がある。

2006年にフランス国籍を取得。フレデリック・チバの名称で活躍する。

ぼくが伝えたいアントナン・カーレムの心

お菓子とフランス料理の革命児

2013年5月15日　初版第1刷発行

著　者　千葉好男（フレデリック・チバ）
発行者　大島光明
発行所　株式会社 鳳書院
〒101-0061 東京都千代田区三崎町2-8-12
Tel. 03-3264-3168（代表）

装　幀　澤井慶子
編　集　福元和夫　小此木律子
印　刷　壮光舎印刷株式会社
製　本　牧製本印刷株式会社

 ISBN978-4-87122-174-0 C0095